跆拳道

随身学：从入门到竞技

林秋 主编

副主编

李祥德 江西理工大学商学院 工商管理硕士
程惠如 福建省重竞技运动管理中心 教练
朱 宏 福建中医药大学 副教授
曾剑强 泉州市骄傲体育用品有限公司 董事长
陈 升 福州市万众体育文化传播有限公司 董事长
苏福气 福清市博胜跆拳道馆 总馆长
赖灿辉 漳州市平和县医院 医师

编 委

林晶晶 厦门市雄麒体育文化有限公司 总经理
孙衍亮 厦门市雄麒体育文化有限公司 总教练
林宗兴 福州市信义跆拳道俱乐部 理事长
连至楠 万众跆拳道汇锋馆 馆长
徐林鸿 万众跆拳道金山馆 馆长
马丽华 闽侯县跆拳道协会 副会长

海峡出版发行集团 | 福建科学技术出版社
THE STRAITS PUBLISHING & DISTRIBUTING GROUP | FUJIAN SCIENCE & TECHNOLOGY PUBLISHING HOUSE

推荐序

跆拳道运动从 1994 年开始进入中国，至今已有二十载，2000 年奥运会上中国队选手陈中首次获得跆拳道项目的金牌。跆拳道项目不仅在竞技场上创造奇迹，而且在大众跆拳道市场推广中也取得了成功，目前全国有十几万家的跆拳道场馆、俱乐部等，并逐渐发展成为了一项体育产业，同时也被国家教育部门列入中小学体育教学内容，深受广大家长的认可。随着跆拳道项目不断纵深发展，跆拳道教学不断迈向专业化和系统化，要求跆拳道从业者不仅要严把教学关，更要做好服务关，这样才能让跆拳道惠泽更多的人。

福建中医药大学体育部副教授林秋，是福建省跆拳道队第一代跆拳道优秀运动员。从 1997 年至 2002 年，蝉联福建省跆拳道锦标赛五连冠，荣获第十一届、第十二届福建省运动会跆拳道比赛冠军。参加工作后的林秋，在福建中医药大学体育部仍不忘初心，牢记教育使命，致力于推广跆拳道运动，让更多的人了解并喜爱上跆拳道运动，获得师生一致好评，并获得福建中医药大学“优秀青年教师”和“优秀中青年骨干教师”荣誉称号。

《跆拳道随身学：从入门到竞技》是林秋的第二本著作。本书延续之前的风格，详细介绍了跆拳道从入门到竞技的全过程，详细的讲解配合视频直观的教学，把跆拳道的“礼”融会贯通到本书中，是广大跆拳道爱好者的良师益友。

福建省跆拳道协会副主席

陶　健

林中莺飞过，秋季鹤鸣来。

泉州市跆拳道协会主席

赖松华

《跆拳道随身学：从入门到竞技》承载了林秋的成长轨迹。15 岁入门进行专业的跆拳道训练，在汗水中成长，在磨砺中蜕变，有了如今的绽放和精彩。本书中的一招一式，都是林秋个人训练中的点滴记忆。相信这本书将成为跆拳道培训班、大众跆拳道爱好者的良师益友，在你训练中遇到不解的时候，请你拿起这本书，相信会找到答案。

大众跆拳道协会顾问

陈　杰

作者序

跆拳道是近年来一项非常流行的体育运动，深受广大青少年的热爱。要想进行跆拳道训练，就必须对跆拳道的精神有所了解。其中，“以礼始、以礼终”贯穿于跆拳道的整个训练过程：每次练习前，学员先向国旗敬礼，心中装着一颗爱国心；训练时，教练与学员之间相互敬礼，体现尊师重道的崇高品德；学员之间相互敬礼，体现团结友爱的高尚情操。

练习跆拳道不分年龄和性别，初学者从白带开始逐渐升至红黑带，然后再入段，从一段位逐渐升至九段位。本书作为《跆拳道轻松学：从白带到绿带》一书的延伸，介绍跆拳道从白带到黑带一段为止适合学习的内容，涉及跆拳道的基本技术、品势演练方法以及体能训练等。让更多的跆拳道爱好者能够全方位认识跆拳道，轻松学习跆拳道。

本书运用大量图片说明跆拳道练习中的各种技巧，并配有专有的网络在线视频，从不同角度演示动作要领，视频网络链接随文插入，所以读者可以获得图、文、影像多形式的讲解，并可随身携带，自由轻松地学习。

初学者练习跆拳道，应放下心理包袱，以轻松愉快的心情来练习，并持之以恒，下一个黑带就是你！

本书不妥之处，希望读者批评指正。

林　秋

目 录

第一章 训练前的准备

跆拳道的精神 …………………… 1
服装与位阶 …………………… 3
护具与踢靶 …………………… 6

第二章 体能训练

柔韧训练 …………………… 10
耐力训练 …………………… 15
力量训练 …………………… 17

第三章 跆拳道技术训练

步法训练 …………………… 20
拳法训练 …………………… 25
腿法训练 …………………… 30
格挡训练 …………………… 39

第四章 跆拳道品势训练

配视频 基本动作 …………………… 44
配视频 太极一章（乾） …………………… 48

配视频 太极二章（兑）……………………55
配视频 太极三章（离）……………………62
配视频 太极四章（震）……………………72
配视频 太极五章（巽）……………………82
配视频 太极六章（坎）……………………91
配视频 太极七章（艮）……………………99
配视频 太极八章（坤）……………………111
配视频 高丽品势……………………………123

第五章　跆拳道竞赛与晋级考试

配视频 跆拳道手势及口令……………………139
比赛规则………………………………………144
计分与判罚……………………………………146
配视频 中国跆拳道协会晋级考试……………147

第一章 训练前的准备

跆拳道的精神

跆拳道的所有品势的第一个动作都是防守动作，意味着跆拳道是不张扬暴力的，跆拳道的搏击技术适用于维护和平和伸张正义，而并非用于破坏。

跆拳道所代表的精神有：和平精神、服务精神、克己精神和礼仪精神。

跆拳道运动崇尚的武道精神有：尊礼、知耻、忍耐、克己、百折不屈。

尊礼

礼仪是教化人类的手段，也是修炼内心的形式。遵守礼仪有助于养成谦虚、互相尊重的人格，让师范与学员、前辈与晚辈的关系明确，培养为人处世端正的态度。因此，礼仪是跆拳道运动必不可少而且十分重要的组成部分。

跆拳道的一切练习和比赛都要求以礼开始，以礼结束。跆拳道练习者不但能够得到身体的锻炼，还能够得到礼仪的教育，从而懂得遵守秩序、守时，懂得尊重他人。正如现代跆拳道创始人之一李仲佑所概括的：“跆拳道是正人之道。”

知耻

要学会分辨是非。如果做错了事，即使面对的是三岁孩童也应自觉惭愧。

跆拳道中的一些是非判断有：

示范时为了炫耀威力，把裂开的松板黏合，或预制有裂纹的砖头将其击破，这是厚颜无耻之事；

真正的武道之人即使提升自己的段或级也会谦让；相反，不正当地追求超过实力以上的段或级，例如用钱买，则不是武道人之所为；

碍于面子不愿向晚辈询问有关技术意见，亦不是武道人的做法。

忍耐

忍是德。有句古语说：忍一百遍能使家庭和睦，即能忍的人可得到幸福与繁荣。

无论任何人，想做成大事，首先要设一目标，再以持久的忍耐力不断地向那一目标迈进，才能如愿以偿。作为跆拳道人，不管遇到什么困难，忍耐并克服它，才是有效的方法之一。

克己

不论道场内外，克制自己着实是重要的问题。

假如在自由对打时，因某些失误，被下级或同僚打到时，不能克制自己，感情用事地加以攻击，将会造成事故。

不谦虚不节制，没有分寸地生活，盲目羡慕他人，爱慕虚荣也将会失去作为武道人的资格。

老子曰：胜人者有力，自胜者强。这句话的意思是：能够在某方面胜出别人的人是有力的人，是和别人对比时的强者；胜自己的人才是真正的强者，因为最难打败的人就是自己，只有能够不断超越自己的人才是强者中的强者。

百折不屈

一个真正的跆拳道人是正直的，遇到不义的事情，不会退缩回避，而是果断地向伸张正义的方向努力。

在武道修炼和人生奋斗的过程中，向着既定目标，以百折不屈的精神倾注一切精力，终究会成功。

跆拳道的训练，要求以礼开始，以礼结束。礼仪教育贯穿在跆拳道练习的始终，练习者不但能够得到身体的锻炼，还能够得到礼仪的教育，使之懂得秩序、懂得守时、懂得纪律、懂得尊重。正如李仲佑所概括的：“跆拳道是正人之道。”从另一个角度来讲，可以说跆拳道是一种通过武道形式对练习者进行礼仪教育的活动。

服装与位阶

道服及其含义

修炼跆拳道的人身穿道服，并用道带以丹田为中心缠绕两圈，意味着将气集中于阴和阳相汇的丹田之中。道带的三角形结象征着人的意志，这里包含着把气集中于丹田并且恰到好处地使其转化为技的内涵。“结”只有在正确的系法下才会形成三角形，这意味着顺其自然的秩序。

道服的白色代表着忠诚、儒者的无私之心和冰清玉洁的智慧。白色道服象征着对神圣、高贵、纯洁、和平、胜利以及完美的向往和追求。在训练场上，跆拳道服还蕴含着其他更深的意义：

尊重

身着整齐洁白的道服，会让人不由地增加自信感和一种约束感。除此之外，身着跆拳道服训练是对该运动的尊重，对他人的尊重，对教练的尊重，更是对自我的尊重。

成就与兴趣

在练习品势的时候，穿着舒适的道服可以体现出训练效果，衣袖随着出拳或者是出腿发出阵阵的声响，可以让练习者体会到满满的成就感，还可以让他在训练中收获快乐，对训练更加感兴趣。

集体感

跆拳道馆里大家都身穿统一的服装，可以培养学员的集体荣誉感，进而展现这个集体的凝聚力和团结力，让学员们更加有认同感、归属感，成为跆拳道大家庭不可切割的一分子。

道带与跆拳道位阶

跆拳道是学无止境的，在修习阶段上，根据个人的身体条件以及领悟，分出十级、九段，这些通过道带来表示。

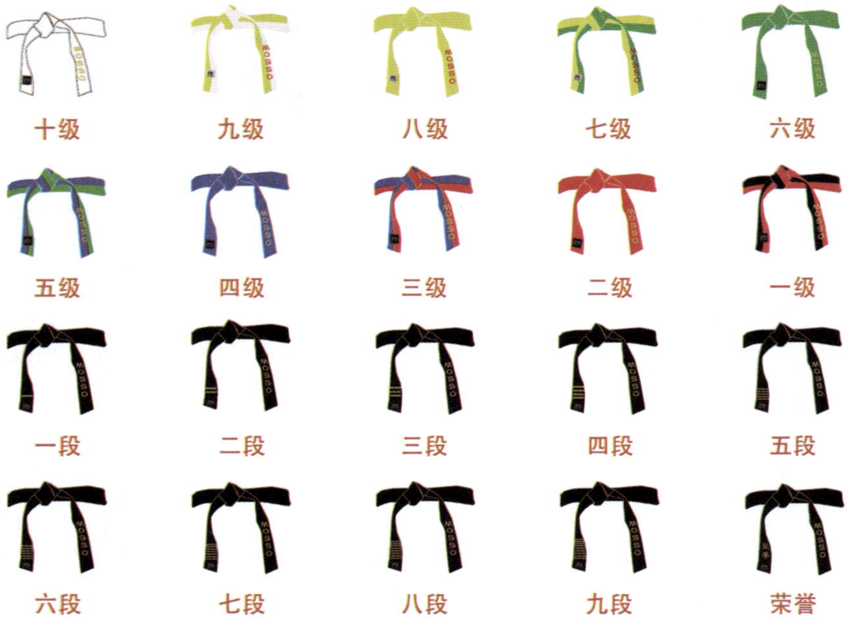

跆拳道色带的象征意义

色带	象征意义
白　带	白带代表空白，练习者没有任何跆拳道知识和基础，一切从零开始
白黄带	介于白、黄带之间，有的小朋友考黄带，动作还不是特别标准，所以晋级白黄带
黄　带	黄带是大地的颜色，就像植物在泥土中生根发芽一样，在此阶段要打好基础，并学习大地厚德载物的精神
黄绿带	介于黄带与绿带之间的水平，练习者的技术在不断上升
绿 带	绿带是植物的颜色，代表练习者的跆拳道技术开始枝繁叶茂，跆拳道技术在不断完善
绿蓝带	由绿带向蓝带的过渡带，练习者的水平处于绿带与蓝带之间
蓝 带	蓝带是天空的颜色，随着不断地训练，练习者的跆拳道技术逐渐成熟，就像大树一样向着天空生长，对跆拳道已经完全入门
蓝红带	练习者的水平比蓝带略高，比红带略低，介于蓝带与红带之间
红 带	红色是危险、警戒的颜色，练习者已经具备相当的攻击能力，对对手已构成威胁，要注意自我修养和控制
红黑带	经过长时间系统的训练，练习者已修完一级以前的全部课程，开始由红带向黑带过渡
黑 带	黑带代表练习者经过长期艰苦的磨炼，其技术动作与思想修为均已相当成熟。也象征跆拳道黑带不受黑暗与恐惧的影响

跆拳道带的颜色有白、黄、蓝、红、黑五种，其中白色在古代算无色，意味着开始；黄、蓝、红是色彩学中的三原色，意味着变化和多样性；黑色则是各种颜料混合后会呈现的颜色，意味着完善，所以这五种颜色涵盖了阴阳五行的原理。

黑带是跆拳道高手的象征，是实力的体现，更是一种荣誉和责任。黑带段位分一段至九段。一段至三段是黑带新手的段位，四段至六段是高水平的段位，七段至九段只能授予具有很高学识造诣和对跆拳道的发展作出重大贡献的杰出人物。只有黑带一段以上选手有资格参加国际比赛。

在国际跆拳道联盟 ITF 体系里面：黑带段位均由国际跆拳道联盟总部亲自颁发，因此地方组织或道馆无权颁发。晋升七段至九段，须有 ITF 代表大会审核通过。黑带四段以上才有资格申报国际师范、国际裁判。黑带一至三段称为“副师范”，四至六段称为“师范”，七段称为“师贤”，八段称为“资深师贤”，九段称为“师圣”。

护具与踢靶

护具

头盔

据研究，头部是跆拳道选手最容易受伤的部位之一，且在比赛中，以脚击中对方头部获得分数最多；因此，头盔对于跆拳道选手是不可或缺且重要的保护用具。

跆拳道使用的防护头盔和其他技击项目（例如拳击等）的头盔相似，是软性的，且分为护头、护耳及粘带三个部分。护头和护耳合二为一，材质为 PU（聚氨酯）或合成皮，护头顶部中空，且设有气孔，头部与头盔间没有布料，可使选手的头部保持舒爽透气。粘带为宽面的弹性带。防护头盔并没有护面，因为规定选手击中面部不能得分，所以头盔不设护面，以保持选手在攻击时视线不受阻碍。

头盔的颜色有三种，分别是蓝色、红色和白色，但是白色的头盔并不常用，而蓝色和红色的头盔多是在 WTF（世界跆拳道联合会）的赛事中配合同色的护甲一起使用。

护甲

护甲（亦作“护胸”）是一个保护颈部以下，腰部以上身体部位的护具，其中以保护肋骨（以免碎裂后插穿肺部）及肚子最为重要。在比赛时，护甲要穿在道服的外面，且必须和头盔的颜色一致，是红色或蓝色的，并以此区分双方运动员。在 2003 年推出的新护甲，增大了腹部的保护面积，加强了对胸骨位置的保护。同时，也增加了保护背部的新功能，因为新的规例中说明了若选手攻击对方的背部，只要不是攻击脊椎，亦能得分。此外，新的护甲还增加了护肩，即顶部类似梯形的白色保护物来保护运动员的肩部，减少损伤。

护臂

护臂是一个可保护手肘至手腕部分的护具，简单来说即是保护手臂。跆拳道的赛事中，手臂亦是一个常被接触的部位，因为当对手使用足技功击时，选手通常会使用“上挡”“外挡”等有效防守动作保护自己，所以手臂较容易受伤。通过护臂的保护，可防止运动员的手臂被撞击、撞伤，大大减少受伤的机会。

护阴及护裆

护阴

护裆

顾名思义，护阴及护裆是保护下半身最重要的护具。护阴及护裆的穿法和穿内裤一样，并大多穿在道服内。在比赛时不穿护裆是非常危险的，会使下体容易受伤。女运动员所使用的是护阴，成 T 形，而男运动员所使用的是护裆，当被踢中时，护阴及护裆能降低所产生的伤害，减轻痛楚，但仍可能会感到闷热甚至疼痛。

护脚

护脚（又称为“护胫”），作用为保护小腿部位，大多数技击类的武术都会有同类的护具。此护具连足球员也适用。一般护脚的后面会有一条增加固定的松紧带，附有黏扣以调整松紧。和大部分的装备一样，护脚通常设有气孔，以增加透气性，保持舒爽卫生。

拳套、脚套

拳套的外形似防摔手套，用途并非让选手像拳击赛中一样击打对手的脸部，而是为了保护手部。在比赛时，当选手张开双手被击中手部时，很容易受伤，甚至骨折。戴上拳套对运动员的手部防护有一定的帮助。脚套功能亦相同。

踢靶

踢靶是给跆拳道学徒训练脚法及其力度、拳法及其力度使用的。

双飞靶

双飞靶主要是用来保护手部，外表多是长方形，在训练双飞踢时使用。

伊朗靶

伊朗靶可以用在敏捷度训练、速度训练中，素质训练中也可以参考使用。

速度靶

速度靶（民间称“鸡腿”“鸡髀”）是一个供练习者训练脚法的靶，分为单面和双面两种。靶里面有一根铁片，外面包覆着硬海绵，用意是以不同的强度来锻炼脚背的力量与抗撞击的能力，速度靶本身的打击点就是前端圆形的部分，配合不同的训练方式能够训练各种不同的技术。

后踢靶

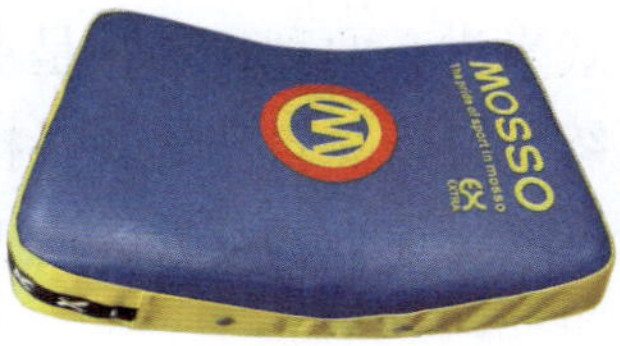

后踢靶是在跆拳道训练中最常使用的靶，性能最普遍，其特点是攻击目标比较大，比起速度靶来说更容易踢到，主要在训练后踢时使用。

第二章 体能训练

柔韧训练

跆拳道竞技运动以踢法为主，对腿部和腰髋的柔韧性有极高的要求，这里主要介绍腿、髋部和腰部柔韧性的训练方法。柔韧性训练方法就具体形式来讲有两种，一种是主动练习法，另一种是被动练习法。主动练习法是指练习者依靠自己的力量拉伸肌肉，增强关节的灵活性；被动练习法是指练习者通过他人的帮助，借助外力拉伸肌肉，并使关节活动范围增大。

腿、髋部柔韧性的练习

正压腿

主要用来提升腿部后侧肌肉的柔韧性。面对横木或一定高度的物体站立，一腿提起，把脚跟放在横木上，脚尖勾紧；两手扶按在膝关节处，两腿伸直，腰背挺直，髋关节摆正，上体前屈并向前、向下做压振动作。两腿交替进行。

动作要点

两腿都要伸直，上体向前、向下压振时，腰背要直。压振时幅度由小到大，循序渐进。

正面图

侧面图

侧压腿

主要用来提升腿部内侧肌肉的柔韧性。侧对横木或有一定高度的物体，一脚支撑，另一脚抬起，腿跟放在横木上，脚尖勾紧，支撑侧手臂上举；两腿伸直，腰背保持直立，髋关节正对前方，上体向侧、向下压振。左右腿交替进行。

动作要点

两腿要伸直，上体保持直立向侧、向下压振；压振幅度逐渐加大，髋关节保持正对前方。

正面图

侧面图

后压腿

主要用来提升腿部前侧肌肉的柔韧性。背对横木或有一定高度的物体，一腿支撑，另一腿后举起，脚背放在横木上，腿和脚背都要伸直，上体直立、向后仰，并做压振动作。左右腿交替进行。

正面图

背面图

动作要点

两腿挺膝，支撑腿直立且全脚着地站稳；挺胸、展髋、腰后屈；后压振幅度逐渐加大。

站立体前屈

主要用来提升大小腿关节的柔韧性。两脚分开，与肩同宽，双腿伸直，上体前屈，两手掌尽量触地，动作幅度逐渐加大。

正面图

侧面图

竖叉

主要用来练习大腿前后侧和髋部柔韧性。两腿前后分开成一条直线，前腿的脚后跟、小腿腓肠肌和大腿后肌群压紧地面，脚尖勾紧上翘，正对上方；后腿的脚背、膝盖和股四头肌贴紧地面，脚尖指向正后方；髋关节摆正与两腿垂直，臀部压紧地面，上体正直。可做上体前俯的向前压振动作，亦可做上体后屈的向后压振动作，动作幅度由小到大，逐渐用力。

动作要点

挺腰直背，沉髋挺膝；前俯勾脚，后屈伸踝。

正面图

侧面图

横叉

主要用来练习大腿内侧、后侧和胯关节的柔韧性。两腿左右一字伸开，两手可辅助支撑；两腿的小腿内侧着地，贴紧地面，两脚尖向左右侧伸展或勾起，成一字形。

正面图

侧面图

腰部柔韧性的练习

地面拉腰

平躺在地面，双腿伸直的同时抬起上身、前俯，两只手臂向小腿方向延伸。

动作要点

面部尽可能地贴近腿部，手臂前伸。

后甩腰

并步站立，一腿支撑，另一腿向后上直腿摆动，同时，两臂伸直，随身体向后屈做向后的摆振动作，使腰背部充分伸展。

动作要点

后摆腿和上体后屈振摆同时进行。

腰旋转

两脚左右开立略宽于肩，两臂自然垂于两侧，以髋关节为轴前俯，然后以腰为轴，使上体自前向右、向上再向左，做顺时针或逆时针旋转；同时，双臂随上体做顺时针或逆时针的环绕动作，以增加腰部旋转的幅度和力度。

动作要点

尽量增大绕环幅度，速度由慢到快，使腰椎关节得到完全的活动、伸展。

被动形式的练习方法

腿部和髋部的被动练习

练习方法多采用各种形式的搬腿。让同伴握紧练习者的脚，做正搬、侧搬、后搬等助力拉伸动作，也可采用各种形式按和踩的方法。如进行横叉或竖叉练习时，同伴或教练员可利用脚踩或手按练习者髋部的办法，助其用力，达到拉伸的目的。

腰部的被动练习

主要是利用压桥法。同伴或教练用自己的双脚顶住或踩住练习者的双脚，用双手拉住练习者双臂或双肩，用力使练习者的双肩后部尽量靠近两脚跟，使练习者的腰椎关节得到完全伸展和收缩，增强腰部的柔韧性。

柔韧训练的要求和注意事项

· 根据跆拳道竞技运动的特点，我们以训练腰髋和下肢柔韧素质为主，同时结合全身的柔韧素质训练。

· 柔韧性练习要经常进行，持之以恒。柔韧素质练习要安排在合适的时间，一般可在训练后进行；也可以在力量训练和耐力训练之间穿插练习，这样不仅能调节训练形式，也可以收到良好的训练效果。

· 随着柔韧性的提高，训练的强度和难度要逐步加大，但也要控制好训练的强度，不能急于求成，循序渐进，进行合理有效地训练。

· 主动练习和被动练习协调进行。

· 柔韧性训练前应做好充分的准备活动。

耐力训练

跆拳道比赛时间长、强度大，这就要求跆拳道运动员有着极高的耐力素质，在比赛过程中保持着充沛的体力。因此，耐力素质训练非常重要，必须经常进行耐力素质的训练。

耐力素质的练习

1 分钟立卧撑

由直立姿势开始，下蹲两手撑地，伸直腿成俯撑，然后收腿成蹲撑，再还原成直立。每次做 1 分钟，做 4 ～ 6 组，间歇 5 分钟。要求动作规范，必须站起来才算完成一次练习，也可以穿上沙背心做该练习。或做强度稍大的立卧撑接蹲跳起，30 次为一组，间歇为 10 分钟。

连续半蹲跑

半蹲姿势（大小腿成 100° 角左右）向前跑 50 ~ 70 米，重复 5 ~ 7 次，每组间歇 3 ~ 5 分钟，不规定速度，走回来时尽量放松，在进行下次练习前，可做 15 秒贴墙手倒立。

原地间歇高抬腿跑

原地或前支撑做高抬腿跑练习。每组 100 ~ 150 次，做 6 ~ 8 组，每组间歇 2 ~ 4 分钟，要求动作规范，不要求时间，但动作要不间断地完成，也可负重做练习，每组练习次数及组数可适当减少。

连续深蹲跳

连续做原地深蹲跳起或做向前深蹲跳。要求落地即起，每组 20 ~ 30 次或 30 ~ 40 米，重复 3 ~ 5 组，组间歇 5 ~ 7 分钟。

仰卧起坐

仰卧两手抱头起坐，连续做 50 次为一组，重复 4 ~ 6 组，组间歇 3 分钟。起坐时要快，仰卧时要缓和，连续不间断进行。

跆拳道专项耐力训练（脚靶练习）

横踢（前、后腿）（中、高各 10 次）。

下劈（前、后、跳各 30 次）。

后踢（20 次）。

后旋踢（20 次）。

旋风踢（360 度横踢）（20 次）。

双飞踢（20 次）。

耐力素质训练的要求和注意事项

·科学地安排练习的运动量、强度、重复次数、间歇时间和间歇方式。

·跆拳道运动员的耐力具有力量性的特点，增加力量练习的次数是发展肌肉耐力的一个有效方法。

·根据跆拳道比赛时间长、强度大、对抗竞争激烈的特点和运动员的身体训练水平，科学地安排有氧耐力和无氧耐力的训练，并使无氧耐力训练尽可能地结合专项训练进行。

·耐力训练不仅是身体方面的训练，也是对意志品质的培养。因此，在耐力训练中除采用多种多样的训练手段外，还要注意培养运动员吃苦耐劳、坚韧不拔的意志品质。

力量训练

力量素质是人体运动的最基本素质，力量素质的好坏在一定程度上影响着其他素质的发展。跆拳道运动中的大部分动作均要求快速反应、爆发式完成，还要求有高度的机动性和灵活性，因此必须进行力量训练。

发展下肢力量的练习

跆拳道主要是采用腿法进攻，因此下肢的力量训练尤为重要。一般在训练中主要采用以下的练习手段来发展下肢各肌肉群的力量或伸展性。

单脚或双脚向各个方向连续跳

按照一定的规律，如按前后左右上下的方向各跳一次为一回合，5 ~ 7 个回合为一组，尽全力跳 6 ~ 8 组；另外还有收腹跳、后踢腿跳等。

仰卧左右分并腿

坐在凳子上或台子上，两腿伸直，两腿向两侧最大程度地分开再并拢，30 次为一组，组间间歇 1 ~ 2 分钟，练习 5 ~ 7 组。

负重杠铃深蹲或半蹲

杠铃负在肩上，腰背挺直。抬头收腹，膝盖方向朝前，平稳屈膝下蹲，向上扛起时快速站起。采用中等重量、组数 4 ~ 6 组、次数 4 ~ 6 次、以最快速度进行的练习方法。半蹲则要求屈膝下蹲至大腿与地面近水平时，随即伸腿起立。

腿部负沙袋或橡皮条进行技术练习

腿部绑沙袋进行横踢、后踢、下劈等技术练习，然后去掉沙袋，提高动作速度。

腿部负重做各个方向的直腿摆动

腿部绑沙袋或拉力带（或橡皮条），直腿前摆、直腿后摆、俯卧直腿后摆、直腿侧摆、侧卧直腿上摆、直腿侧下压。

负重蹬板凳或蹬台阶

肩负杠铃或重物，两脚轮流踏上板凳或台阶。负重为最大重量的40% ~ 60%，次数为 8 ~ 10 次，练习 5 ~ 7 组。

各种方式的蹲跳

负重或不负重做纵跳、立定跳远、跳高、空中交叉跳。各个方向的分腿跳、山羊跳、单足跳等。

负重提腿

将重物放在大腿上，做快速提腿的动作。次数 8 ~ 10 次，练习 5 ~ 7 组。

发展躯干各肌群的练习

以下练习手段主要用来发展髋腰肌、腹直肌、腹外斜肌等肌群的力量，练习时可以使用辅助器械如长板凳、斜板、山羊、垫子、单杠、杠铃（片）、壶铃、哑铃、沙袋、沙衣等。根据个人的身体条件和具体情况，安排的组数一般为 5 ~ 7 组，而次数各有不同。

仰卧起坐（两头起）

负重或不负重皆可，次数为 30 次左右。

仰卧起身

固定住腿，次数为 30 次左右。

站立负重左右转体或体前屈

次数为 20 次左右。

俯卧挺身
次数为 20 次左右。
立卧撑跳
次数为 30 次左右。
负重仰卧举腿
次数为 30 次左右。
体侧屈、体回环
负重或不负重皆可，次数为 20 次左右。

力量训练的注意事项

·根据自己的力量基础以及学习掌握具体技术的需要来安排训练，应将机体局部力量和整体力量、大肌肉群力量和小肌肉群力量训练结合起来进行。

·科学安排和调整运动负荷。例如：训练绝对力量要求运动强度大，重复次数少；训练速度力量要求在最短时间内发挥出最大的力量，应采用中等重量、快速、较多次数的练习法；训练力量耐力，应采用负荷强度小、重复次数多的训练法。

·进行力量训练时，要与其他性质的练习交替进行，防止肌肉僵硬，提高肌肉弹性。

第三章
跆拳道技术训练

步法训练

点步

以左战势开始为例（以白色裤男子为示范，下同），当对手攻击时，左脚迅速向左后撤半步，与右脚成一线，而后快速反击对手。

退步

又称为后撤步。以左战势开始为例，左脚迅速由前向后方退一步，成右战势，迅速拉大与对手的距离，避让对手的进攻，准备反击或攻击。

进步

又称为前进步、上步。以左战势开始为例，右脚迅速由后向前移动，成右战势，迅速接近对手，准备攻击。

击步

以右战势开始为例，左脚蹬地，右脚迅速向前方踏进一步，身体保持右战势，快速接近对手，准备攻击。

侧移步

以左战势开始为例，两脚同时向左（向右）侧蹬地，使身体向左（向右）平行移动，避让对手攻击。可以快速地连续进行。向左叫左移步，向右叫右移步。

跳换步

以左战势开始为例，两脚同时蹬地，使身体腾空离地，迅速扭腰转体，两脚在空中交换，落地时成右战势。

垫步

以左战势开始为例，右脚向前方移动到左脚后跟时，左脚快速向前迈出一步，两脚的动作要连续一次性完成，保持左战势快速接近对手。

梭步

又称为后退步、后滑步。以左战势开始为例，左脚后退至右脚脚尖时，右脚快速向后退一步，同时保持左战势，用于快速与对手拉开距离。

闪击步

又称为弧形步。以左战势开始为例，以左脚为轴，右脚尖蹬地，身体迅速向左侧（或右前方）转体 90°，同时保持左战势。向左转体称左闪击步，向右转体称右闪击步。

转身步

以左战势开始为例，左脚向右侧横移一步，同时右脚蹬地身体向右转 180°，右脚落在身体前方成右战势。

偷步

又称为滑步。以左战势开始为例，右脚由左脚的后边直线向对手方向移动一步，左右脚形成交叉状态，隐蔽性好，便于快速移动后用左脚攻击对手。左、右战势交替训练。

拳法训练

正拳

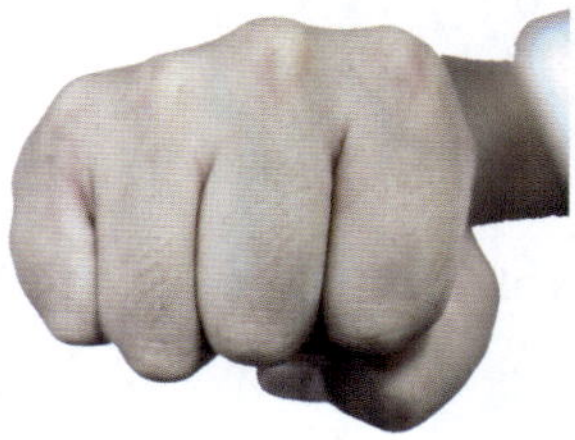

正面

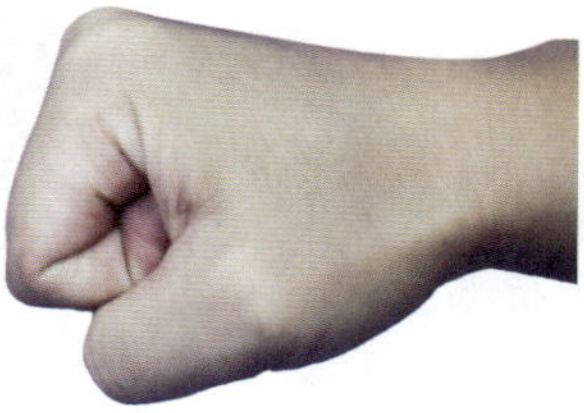

左侧面

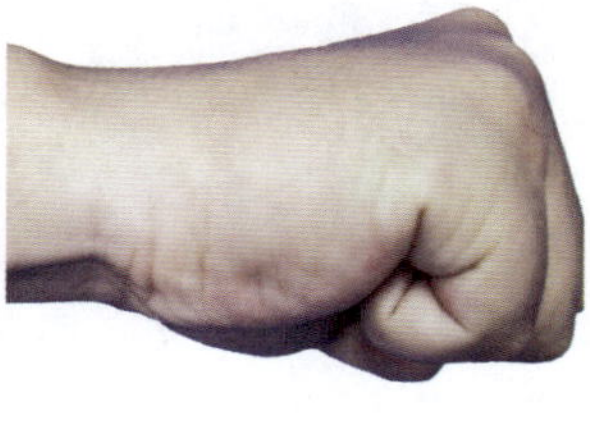

右侧面

握拳方法

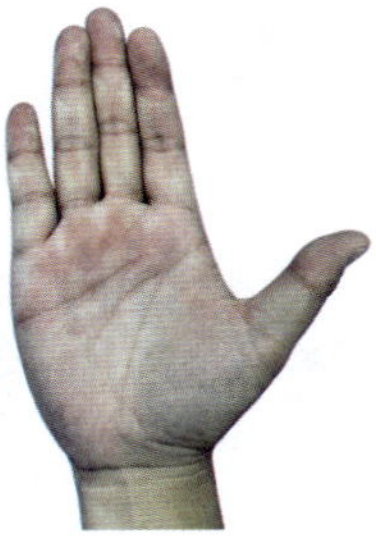

手掌摊平，四指并拢伸直。

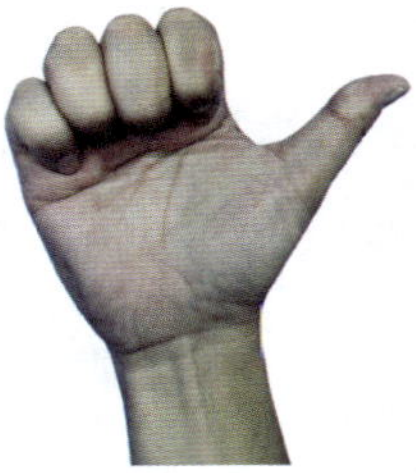

拇指除外的四指向内微微用力弯曲，指尖按住指根。

四指更加弯曲。

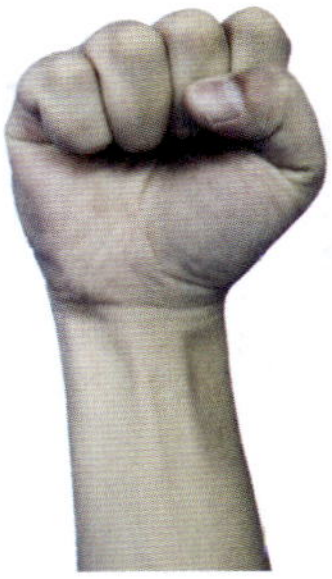

拇指向内弯曲，握拳完成。

反拳

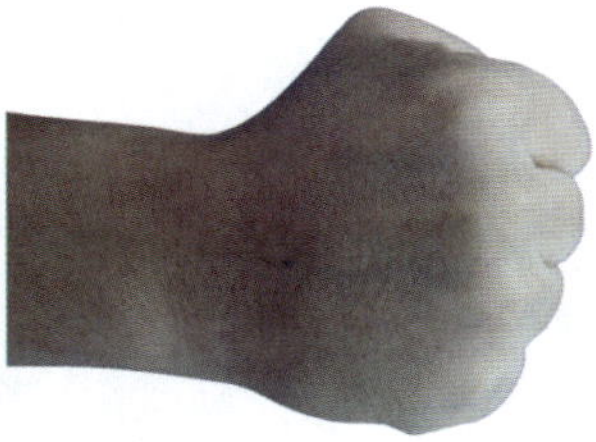

握法与正拳相同，使用食指与中指背侧的突出部位攻击。

劈拳

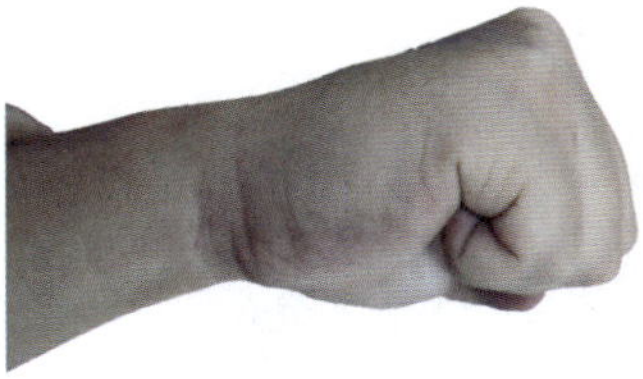

握拳方法与正拳相同，用如图示的拳头面攻击。（图中小指卷成的眼称为拳眼。）

平拳

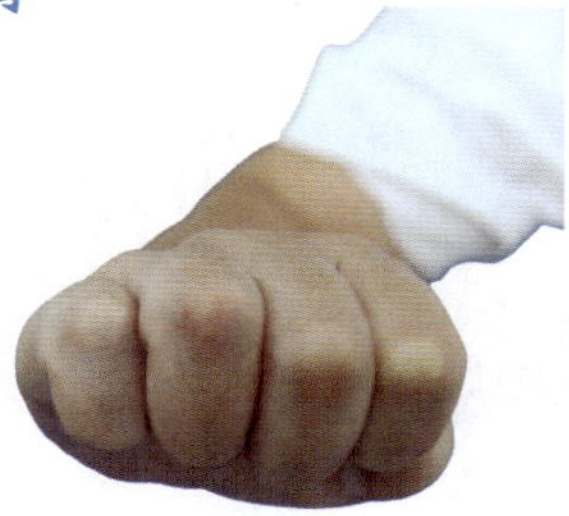
正面

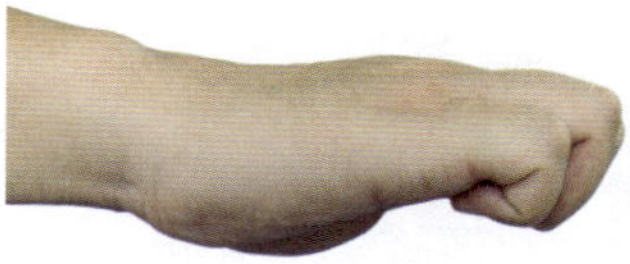
侧面

第一关节完全伸直，拇指第二关节弯曲，紧抵食指，虽使用突出的中指第二关节，但亦使用食指与小指的第二关节辅助。

手刀

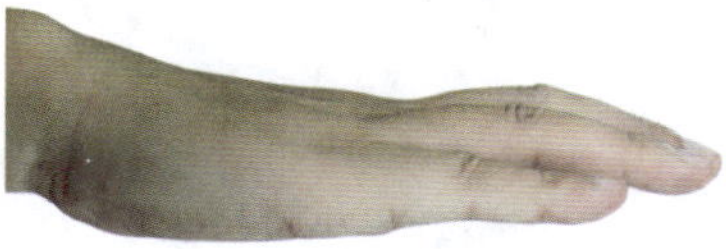
正面

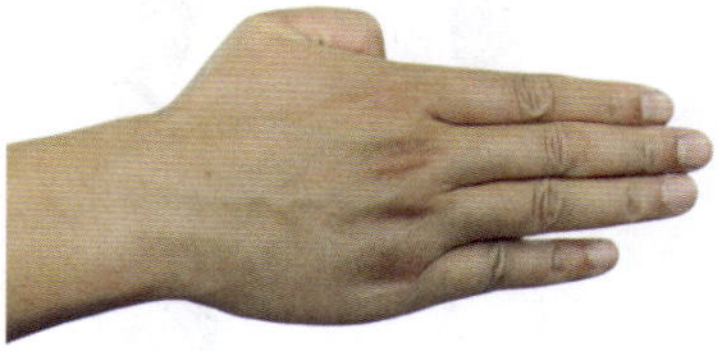
侧面

拇指以外的四指伸直，拇指紧贴食指，中指稍微弯曲，刀锋为小指一侧。

熊掌

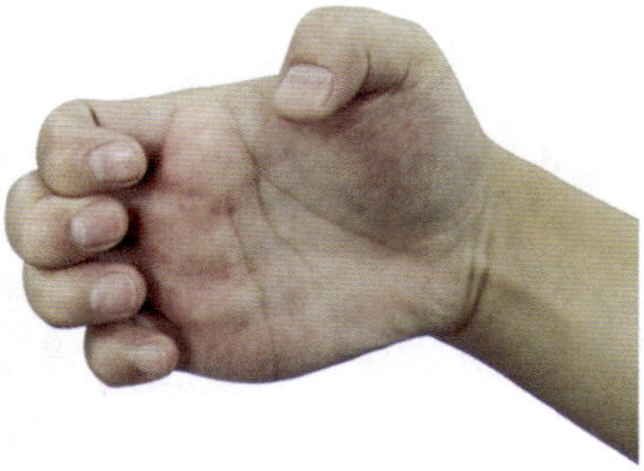

握拳法与手刀大致相同，但全部手指的第二关节弯曲、拇指及食指指尖微张。

背刀

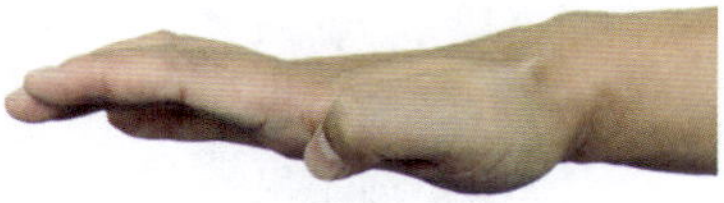

与手刀的要领相同，拇指尖朝向小指，完全弯曲并紧贴手掌，刀锋为食指一侧。

贯手

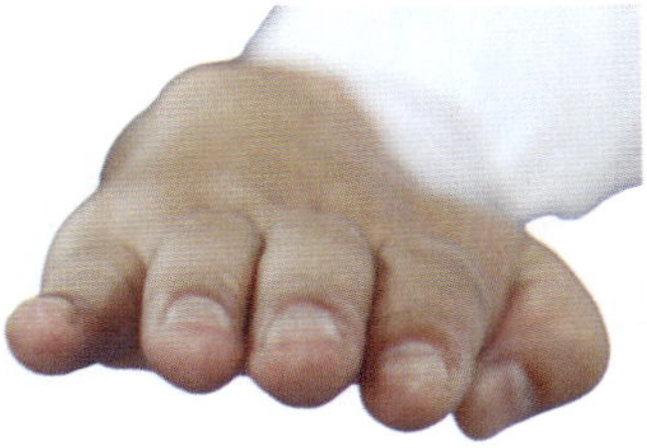

正面

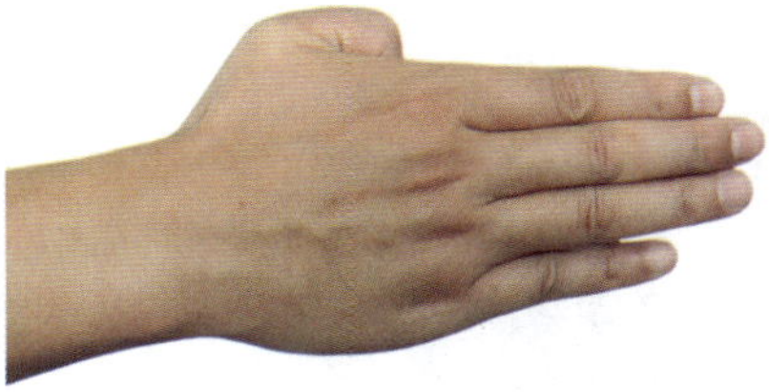

侧面

握拳法与手刀大致相同，但拇指更紧贴内侧，并使小指、拇指以外的三指长度尽量相同，所以中指必须微微弯曲。使用的攻击部位是中指及无名指的前端。

二指贯手

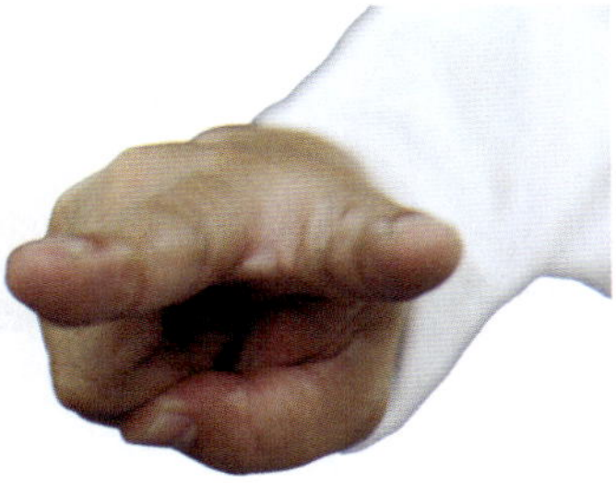

正面

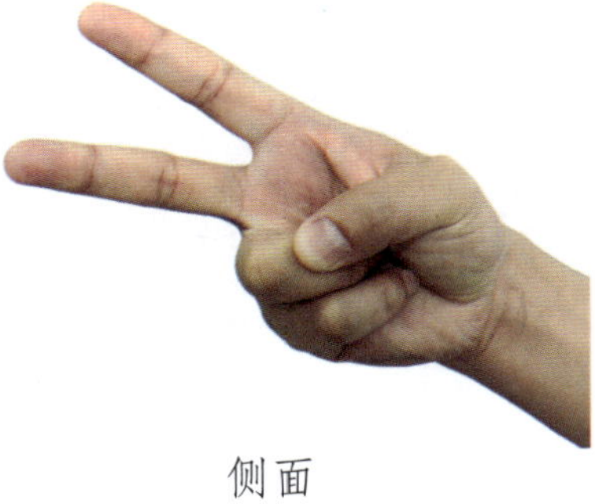

侧面

即猜拳时剪刀的形状，用食指及中指的尖端攻击对手的眼睛等部位。

手腕防御

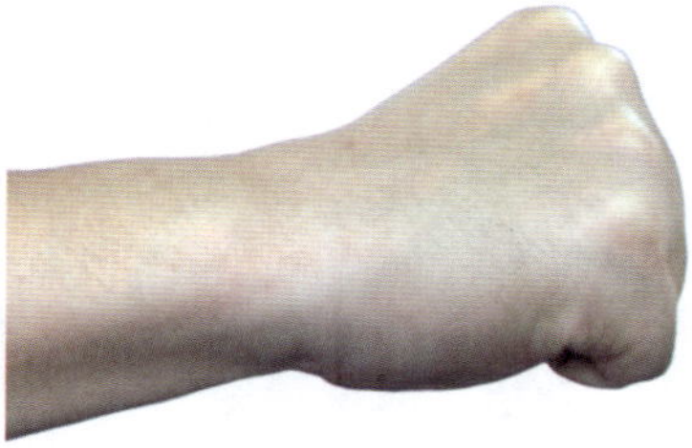

手腕常在防御时被用到，四周皆可用到，而且可能用到手肘。

肘击

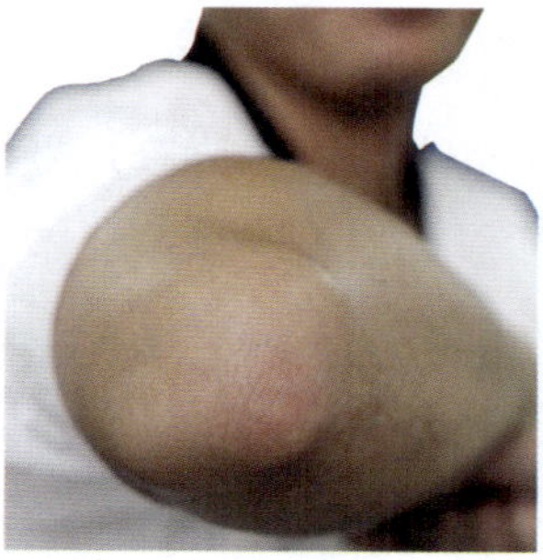

手肘用于向前后左右攻击，使用的部位是肘尖。

腿法训练

前踢

动作视频链接见第 46 页

以左战势开始为例，右脚向后蹬地，身体重心前移至左脚，右脚蹬地顺势屈膝提起，左脚以前脚掌为轴外旋约 90°，同时，右腿迅速以膝关节为轴伸膝、送髋、顶髋，把小腿快速向前踢出，力达脚尖或前脚掌，踢击目标后右腿迅速放松弹回，落回原地仍成左战势。

动作要点

（1）膝关节上提时大小腿折叠，膝关节夹紧，小腿和踝关节放松，有弹性。

（2）踢击时顺势往前送髋（高踢时往上送髋）。

易犯错误

（1）直腿上撩，大小腿没有折叠，膝关节不夹紧。

（2）上体后仰过大，失去平衡。

（3）踢击目标时向前用力，与推踢动作混淆。

推踢

以左战势开始为例，左脚蹬地，身体重心前移，左腿以髋关节为轴提膝前蹬，力点在脚掌，推力向正前方。

动作要点

（1）提膝后尽量收紧膝关节。

（2）身体重心往前移，利用身体的质量发力。

（3）推的时候腿水平往前伸展、送髋。

（4）推踢的攻击目标是腹部。

易犯错误

（1）收腿不紧，直腿起，容易被阻截。

（2）上身太直，腿不能水平前推。

（3）上身过于后仰，重心不能前移，不利于衔接下一个动作。

后旋踢

以右战势开始为例，两拳置于胸前，身体以右脚为轴逆时针旋转，左脚蹬地并将力量与上体拧转的力量合在一起，向后上以髋关节为轴直腿摆起，旋转鞭打，同时上体继续逆时针旋转，带动左腿摆至身体左侧，而后左腿屈膝回收，身体成实战姿势。

动作要点

（1）身体在原地旋转 360°。

（2）转身、旋转、踢腿连贯进行，一气呵成，中间没有停顿。

（3）摆腿的最高点应在正前方，主要攻击部位是头面部和胸部。

（4）屈膝起腿的旋转速度要快。

易犯错误

（1）转身、踢腿中有停顿，二次发力。

（2）起腿太早，最高点不在正前方。

（3）上身不稳。

注意事项

此腿法动作幅度较大，易暴露自身，易受到正踢、前踢、正蹬等腿法的反击。

侧勾踢

以左战势开始为例，左脚向后蹬地，屈膝提起，右脚以前脚掌为轴，脚跟向内旋转约 180° ，膝关节内扣，而后左腿向前方伸直鞭打，然后屈膝回收，落地成原实战姿势。

动作要点

（1）起腿后左腿应屈膝抬过水平面。

（2）脚掌鞭打时要屈膝、扣小腿。

（3）鞭打后顺势放松。

易犯错误

（1）提膝后直接向前方伸直右腿，没有做膝内扣动作。

（2）鞭打后不放松，落地姿势改变。

双飞踢

动作视频链接见第 47 页

两人从闭势实战姿势开始，攻方先用右横踢攻击对方左肋部，同时，左脚蹬地起跳，身体腾空顺时针旋转，腾空离地高度在膝关节以上，但不宜过高；左脚起跳后在空中用左横踢迅速踢击对方胸部或腹部，右脚落地支撑，左脚横踢目标后迅速前落，成原实战姿势。

动作要点

（1）右腿横踢目标的同时，左脚蹬地起跳。

（2）左脚起跳后迅速随身体右转横踢目标。

（3）两腿在空中交换，右脚先落地。

（4）攻击部位：肋部、胸部、腹部、头部。

易犯错误

（1）右横踢后左脚起跳时机不合适，或偏早或偏晚。可以利用踢击沙袋练习右横踢同时左脚起跳的动作，熟练后再起左腿横踢。

（2）右横踢和左横踢之间间隔时间过长。可利用原地右横踢起跳左横踢空击练习，提高出腿和起跳的速度。

横踢

以左战势开始为例，右脚向后蹬地，身体重心前移至左脚；右脚蹬地顺势屈膝提起，同时，右腿迅速以髋关节为轴伸膝、送髋，将小腿抬至水平状态，左脚以前脚掌为轴外旋约 120° ，把小腿快速向左踢出，力达脚背。踢击目标后右腿迅速放松弹回，落回原地仍成左战势。

动作要点

（1）膝关节上提时大小腿折叠，膝关节夹紧，小腿和踝关节放松，有弹性。

（2）踢击时顺势往前送髋（高踢时往上送髋）。

易犯错误

（1）直腿上撩，大小腿没有折叠，膝关节不夹紧。

（2）上体后仰过大，失去平衡。

下劈

以左战势开始为例，右脚向后蹬地，身体重心前移至左脚；右脚蹬地顺势屈膝提起，左脚以前脚掌为轴外旋约 90° ，同时，右腿迅速以膝关节为轴向上伸膝、送髋，把小腿快速伸直向下劈，力达脚跟或前脚掌。踢击目标后右腿迅速收回，落回原地仍成左战势。

侧踢

以左战姿开始为例；右脚向后蹬地，身体重心前移至左脚；右脚蹬地顺势屈膝提起，左脚以前脚掌为轴外旋约 180° ，同时，右腿迅速抽膝至腰部以上，把小腿快速向侧面踢出，力达脚跟。踢击目标后右腿按出腿路线收回，落回原地仍成左战势。

动作要点

（1）踢腿时，脚后跟、髋关节、肩膀、视线在同一平面上。

（2）踢腿后，按原路线收回。

易犯错误

（1）身体向左或向右倾斜。

（2）踢腿时，脚后跟、髋关节、肩膀、视线不在同一平面上。

后踢

以左脚掌为轴身体向左旋转约180° ，屈膝收腿直线向后踢出，重心前移落下。

动作要点

（1）收腿时上身与小腿折叠成一团，伸腿时应用力。

（2）转身、提膝、出腿一次性完成，不能停顿。

（3）击打目标在正前方稍偏右。

易犯错误

（1）大小腿不折叠，而后直腿往上撩。

（2）转身、踢腿有停顿，不连贯。

（3）击打路径成弧线，旋转发力。

（4）肩和上身跟着旋转，容易被反击。

（5）落腿时的脚法和位置不对。

前旋踢（前摆）

以实战姿势开始，右腿向后蹬地，左脚以前脚掌为轴向左旋转约180°，同时，右腿提膝至腰以上，迅速顺势把小腿快速向右前方摆出，力达脚跟或脚掌。踢击目标后屈膝收回，落回原地仍成实战姿势。

格挡训练

不会防御和自我保护，在受到外力攻击的时候就会手脚无措，有了自保才有可能去进攻，因此防御是攻击的基础。

防守动作可分为：

（1）利用格挡的方法进行防守。

（2）利用闪躲、贴近等方法进行防守。

（3）利用进攻动作进行防守。连续有力的进攻往往会造成对手的手脚无措，因此也有说法：进攻即防御。

下面，我们对具体的格挡动作进行介绍。

上格挡

动作视频链接见第 44 页

以左战势开始为例，右手握拳由下至上，用右前臂上架格挡；或是左手握拳，用左前臂上架格挡。

一般来说，用左前臂格挡，则有利于右腿的进攻，用右前臂格挡，则有利于左腿的进攻。

用处

防守对方的劈腿进攻。

动作要点

（1）抬臂要迅速，前臂弯曲上架。

（2）头部尽量后仰，以免对方下劈力量太大，自己前臂不能有效格挡时，面部被对方击打。

（3）不用于上架的臂在一个垂直面上。

（4）如果单纯只是上架，对方就会借力保持身体重心并快速收腿以连接下一个动作，这样对自己非常不利。正确的方法是向上格挡时手臂要有一个横拨的动作，使对方借不到力量不能快速调整好身体重心。

（5）快速向上格挡的同时就要准备实施反击，要抢在对方调整好重心或连接下一个动作之前进行。

易犯错误

（1）向上格挡的同时没有横拨。

（2）只是单纯上架，没有立即反击。

（3）上架时手臂和头部在一个垂直面上，一旦对方下劈力量太大，自己的面部会被对方击中。

下格挡

动作视频链接见第 44 页

以左战势开始为例，左手握拳，左前臂向左斜下方格挡；或是右手握拳，用右前臂向右斜下格挡。

一般来说，用左前臂格挡，则有利于右腿的进攻；用右前臂格挡，则有利于左腿的进攻。

用处

防守对方击打腹部的横踢、前横踢。

动作要点

（1）格挡动作要有力、短促，格挡幅度要小，格挡后手臂不要再有一个向外撩的动作。

（2）在格挡的同时，身体要有一个向格挡的反方向移动的动作，与对方踢过来的腿有一定的距离，否则如果对方踢腿力量较大，很容易连同手臂、护具一起被击打。

（3）格挡的同时，也是自己迅速做出反击的好时机。

（4）格挡对方的部位在其腿的胫骨以下。

（5）要防止对方借力使用高前横踢袭击自己的头部。

易犯错误

（1）格挡幅度过大，格挡后手臂还有一个向外撩的动作，使对方有时间调整身体重心。

（2）在格挡的同时，身体没有向格挡的反方向移动，如对方腿击打的力量较大，将连同手臂、护具一起被打到。
（3）格挡的同时没有迅速做出反击动作，错过了最好的反击时机。

内格挡

以左战势开始为例，右手握拳抬起，用右前臂由外向内防御，拳心向着自己。

用处

防守对方击打胸部或双飞踢进攻。

动作要点

（1）格挡时，要有力、短促。
（2）向内格挡的同时，也是自己迅速做出反击动作的最好时机。
（3）格挡对方的部位在其腿的胫骨以下。

易犯错误

（1）格挡幅度过大，使对方有时间调整身体重心。
（2）向内格挡的同时，没有迅速做出反击动作，错过了最好的反击时机。

防御方

脚掌防御

用处

防守对方横踢的进攻。

动作要点

（1）脚掌防御时要启动快、判断准确。

（2）防御的同时也是自己迅速做出距离判断的好时机。

（3）防御对方的部位在其腿的胫骨以下。

易犯错误

防御速度慢，没有迅速做出反击动作，错过了最好的反击时机。

防御方

膝关节防御

用处

用腿的膝关节部位防御对方的横踢进攻。

动作要点

（1）对方腿刚至的瞬间提膝避过。

（2）时机、距离的把握要相当准确。

易犯错误

提膝速度过慢，使对方有时间进行进攻。

第四章
跆拳道品势训练

基本动作

跆拳道品势中有一些常用的手部和腿部的基本动作。大家可以跟着二维码链接的视频进行练习。

手部基本动作

下格挡

中格挡

上格挡

视频链接：

下格挡，中格挡，上格挡

视频链接：

马步冲拳
（1次、2次、三段）

马步冲拳
（1次、2次、三段）

视频链接：

前行步下格挡

前行步下格挡

视频链接：

弓步下格挡

弓步下格挡

视频链接：

三七步单手刀

三七步单手刀

腿部基本动作

前踢

视频链接：

前踢

横踢

视频链接：

横踢

下劈

视频链接：

下劈

侧踢

视频链接：

侧踢

双飞踢

视频链接：

双飞踢

后踢

视频链接：

后踢

太极一章（乾）

太极一章取意于太极八卦中的“乾”卦，“乾”表示宇宙万物的根源，所以太极一章也是跆拳道品势的根本。

视频链接：

太极一章正面演示

视频链接：

太极一章背面演示

基本动作

准备姿势

双脚开立，形成并排步，双手握拳置于腹前。

左转身下格挡

身体向左旋转 90°，形成左走步，同时左下格挡。

2 右上步冲拳

右脚上步形成右走步，同时右手冲拳。

3 后转身下格挡

以左前脚掌为轴，右脚向后移步，带动身体向右旋转 180° 形成右走步，同时，向右下格挡。

4 左上步冲拳

左脚上步形成左走步，同时左手冲拳。

5 左弓步下格挡

左脚向左移步，带动身体向左旋转 90° 形成左弓步，同时左下格挡。

6 左弓步冲拳

步法不变，左手冲拳。

7 右转身左中格挡

右脚向前跟步，身体同时向右旋转90° 形成右走步，同时做左中格挡。

8 前进步右冲拳

向前移动左脚成左走步，同时打右冲拳。

9 后转身右中格挡

向后移动左脚，带动身体向左转180° ，成左走步，同时右手中格挡。

10 前进步左冲拳

移动右脚向前成左走步，同时打左冲拳。

11 右弓步下格挡

移动右脚，带动身体向右转 90° ，成右弓步，同时右手下格挡。

12 右弓步左冲拳

保持同样姿势，打左冲拳。

13 左转身左上格挡

左脚前收，紧接着向左迈出，身体向左转 90° ，同时左手上格挡。

14 右前踢中拳

14-1

14-2

左脚不动，右脚前踢头部（14-1），放下成右走步，同时打右中拳（14-2）。

15 后转身右上格挡

移动右脚带动身体向右转 180° ，成右走步，同时右手上格挡。

16 左前踢中拳

16-1

16-2

右脚不动，左脚前踢头部（16–1），放下成左走步，同时打左中拳（16–2）。

17 左弓步下格挡

右视图

移动左脚，身体向右转 90°，成左弓步，同时左手下格挡。

18 右弓步中拳

右视图

移动右脚向前成右弓步，同时打右中拳，并喊："哎！"

收势还原

以右脚为轴向左转身 180° ，回到准备姿势。

太极二章（兑）

太极二章取意于太极八卦中的“兑”卦，“兑”卦的含义为内刚外柔，因此演练这一章时应注意让外在的表现和缓，内在的攻击力度强烈。此品势为攻下段、攻中段、前踢、防上段等动作交互使用。

视频链接：

太极二章正面演示

视频链接：

太极二章背面演示

基本动作

准备姿势

双脚开立，形成并排步，双手握拳置于腹前。

1 左走步左手下格挡

身体向左转 90°，成左走步，同时左手下格挡。

2 右弓步冲拳

移动右脚向前，成右弓步，同时打右冲拳。

3 右走步右手下格挡

以左脚为轴，身体向右转 180° ，移动右脚成右走步，同时右手下格挡。

4 左弓步冲拳

移动左脚，向前成左弓步，同时打左冲拳。

5 左走步右手中格挡

收回身体重心，以右脚为轴，身体向左转 90° ，移动左脚成左走步，同时右手中格挡。

6 右走步左手中格挡

移动右脚向前成右走步，同时左手中格挡。

7 左走步左手下格挡

以右脚为轴，身体向左转 90° ，移动左脚成左走步，同时左手下格挡。

8 右脚高前踢右上冲拳

8–1

8–2

左脚固定，右脚前踢头部（8–1），放下成右弓步，同时打右上冲拳（8–2）。

9 右走步右手下格挡

以左脚为轴，身体向右转 180° ，移动右脚成右走步，同时右手下格挡。

10 左脚高前踢左上冲拳

10–1

10–2

右脚固定，左脚前踢头部（10–1），放下成左弓步，同时打左上冲拳（10–2）。

11 左走步左手上格挡

以右脚为轴，身体向左转 90°，移动左脚成左走步，同时左手上格挡。

12 右走步右手上格挡

左脚固定移动右脚，向前成右走步，同时右手上格挡。

13 向后转右手中格挡

以右脚为轴，身体向左转 270°，移动左脚成左走步，同时右手中格挡。

14 原地向后转左手中格挡

双脚不离地，原地向右转 180°，成右走步，同时左手中格挡。

15 左走步左手下格挡

右视图

以右脚为轴，移动左脚，身体向左转 90° 成左走步，同时左手下格挡。

16 右脚高前踢，右手冲拳

16-1　　16-1 右视图　　16-2 右视图

左脚固定，右脚前踢头部（16-1），放下成右走步，同时打右冲拳（16-2）。

17 左脚高前踢，左手冲拳

17-1 左视图

17-1

17-2 右视图

右脚固定，左脚前踢头部（17-1），放下成左走步，同时打左冲拳（17-2）。

18 右脚高前踢，右手冲拳

18-1

18-1 右视图

18-2 右视图

左脚固定，右脚前踢头部（18-1），放下成右走步，同时打右冲拳（18-2），并喊“哎！”

收势还原

以右脚为轴向左转 180° ，回到准备姿势。

太极三章（离）

太极三章取意于太极八卦中的“离”卦，“离” 卦的含义为如火一般的明亮，因此表现时应注意动作的活跃性。

视频链接：

太极三章正面演示

视频链接：

太极三章背面演示

基本动作》

准备姿势

双脚开立，形成并排步，双手握拳置于腹前。

1 左步走左下格挡

身体向左转 90°，成左走步，同时左手下格挡。

2 右脚前踢，右冲拳，左冲拳

2–1

2–2

2–3

左脚固定，右脚前踢头部（2–1），放下成右弓步，同时打右冲拳（2–2），再打左冲拳（2–3）。

3 转身右下格挡

以左脚为轴，移动右脚，身体向右转 180°，成右走步，同时右下格挡。

4 左脚前踢，左冲拳，右冲拳

4–1　　4–2　　4–3

右脚固定，左脚前踢头部（4–1），放下成左弓步，同时打左冲拳（4–2），再打右冲拳（4–3）。

5 右中手刀

以右脚为轴，移动左脚，身体向左转 90°，成左走步，同时右手中手刀攻击。

6 左中手刀

左脚固定，右脚向前成走步，同时左手中手刀攻击。

7 左三七步单手刀

右脚固定，移动左脚，身体向左转 90°，成左丁步，同时左手侧手刀格挡。

8 左弓步右中拳

左脚滑步成左弓步，同时打右中拳。

9 右三七步单手刀

以左脚为轴，移动右脚，身体向右转 180°，成右丁步，同时右手侧手刀格挡。

10 右弓步左中拳

右脚前滑一小步成右弓步，同时打左中拳。

11 左走步右内格挡

移动左脚，身体向左转 90°，成左走步，同时右手中格挡。

12 右走步左内格挡

左脚固定，移动右脚向前成右走步，同时左手中格挡。

13 左走步左下格挡

以右脚为轴，移动左脚，身体向左转 270°，成左走步，同时左手下格挡。

14 右前踢，右冲拳，左冲拳

14-1

14-2

14-3

左脚固定，右脚前踢头部（14-1），放下成右弓步，同时打右冲拳（14-2），再打左冲拳（14-3）。

15 右走步右下格挡

以左脚为轴，移动右脚，身体向右转 180° ，成右走步，同时右手下格挡。

16 左前踢，左冲拳，右冲拳

16-1

16-2

16-3

右脚固定，左脚前踢头部（16-1），放下成左弓步，同时打左冲拳（16-2），再打右冲拳（16-3）。

17 左下格挡，右冲拳

17−1　　17−1 右视图　　17−2　　17−2 右视图

右脚不离地，移动左脚，身体向左转90°，成左走步，同时左手下格挡(17−1)，再打右冲拳（17−2）。

18 右下格挡，左冲拳

18−1　　18−1 右视图　　18−2　　18−2 右视图

左脚固定，移动右脚向前转成右走步，同时右手下格挡（18−1），再打左冲拳（18−2）。

19 左前踢，左下格挡，右冲拳

19-1

19-2 右视图

19-3

19-3 右视图

19-4

19-4 右视图

右脚固定，左脚抬起（19-1），前踢头部（19-2），放下成左走步，同时左手下格挡（19-3），再打右冲拳（19-4）。

20 右前踢，右下格挡，左冲拳

20-1

20-2 右视图

20-3

20-3 右视图

20-4

20-4 右视图

左脚固定，右脚抬起（20-1），前踢头部（20-2），放下成右走步，同时右手下格挡（20-3），再打左冲拳（20-4），喊：“哎！”

收势还原

以右脚为轴，身体向左转 180°，回到准备姿势。

太极四章（震）

太极四章的含义是八卦中的“震”，指的是雷，表示威严和力量。太极四章中上位的技术和准备实战前的各种动作及战势比较多。新的动作包括手刀格挡、燕子手刀颈部攻击、平手尖刺击、中外格挡、背拳前击、侧踢腿法等，适合跆拳道绿蓝带修炼者练习。

视频链接：
太极四章正面演示

视频链接：
太极四章侧面演示

视频链接：
太极四章背面演示

基本动作 »

准备姿势

双脚开立，形成并排步，双手握拳置于腹前。

1 右三七步左手刀中位格挡

左脚向左移步，带动身体向左旋转，形成右三七步；同时，左手刀中位格挡。

2右弓步上步右平手尖刺击

右脚上步，做右弓步；同时，右平手尖刺击。

动作要点 手脚的动作同步进行，刺击的手臂拉到髋关节后再开始刺击。

扣分事项 从胸口就开始刺击。

3左三七步右手刀中位格挡

右脚向后移步，带动身体向右旋转 180°，形成左三七步；同时，右手刀中位格挡。

4左弓步上步左平手尖刺击

左脚上步，做左弓步；同时，左平手尖刺击。

5 左弓步燕子手刀颈部攻击

以右脚为轴，左脚向左移步，带动身体向左旋转 90°，成左弓步；同时，燕子手刀向颈部攻击。

动作要点 燕子手刀的起始动作是左手放在右髋关节处、掌心向上，右手与耳部同高、掌心向外，动作完成后肩部向左旋转 45°。

6 右脚前踢，右弓步中位左手直拳

6–1　　6–2

右脚前踢（6–1），前踢的右脚向前落下，成右弓步；同时，左手中位直拳（6–2）。

7 左脚侧踢

动作要点　侧踢时视线、肩部、髋关节、脚后跟在一个平面上，双拳放在胸口。

注意事项　两次侧踢时，双拳放在胸口，第一个侧踢动作完成后，放下左脚成左走步，然后完成下一个侧踢。

8 右脚侧踢，左三七步右手刀中位格挡

8-1

8-2

右脚侧踢（8–1），侧踢完成后，右脚向前落下，成左三七步；同时，右手刀中位格挡（8–2）。

注意事项　重心的移动不能起伏过大，三七步的大小要合适。

9 右三七步，左手中位外格挡

以右脚为轴，左脚向后移步，带动身体向左旋转 180° ，成右三七步；同时，左手中位外格挡（格挡的高度与肩部同高）。

10 右脚前踢，右手中位内格挡

10–1

10–2

右脚前踢（10–1），收回原位成右三七步；同时，右手中位内格挡，格挡时肩部向左旋转 45° （10–2）。

注意事项 踢腿后，前脚不要向后移动；手脚的动作不能分开进行；三七步要标准到位。

11 左三七步右手中位外格挡

以左脚为轴，右脚向后移步，带动身体向右旋转180°，形成左三七步；同时，右手中位外格挡。

注意事项　移动时注意重心的起伏不能过大。

12 左脚前踢，左手中位内格挡

12-1　　12-2

左脚前踢（12-1），收回原位成左三七步；同时，左手中位内格挡（12-2）。

注意事项　踢腿后，前脚不要向后移动；手脚的动作不要分开进行；三七步要标准到位。

13 左弓步燕子手刀颈部攻击

右视图

以右脚为轴，左脚向左移步，带动身体向左旋转 90° ，成左弓步；同时，燕子手刀向颈部攻击。

14 右脚前踢，右弓步背拳前击

14–1　　14–1（右视图）　　14–2　　14–2（右视图）

右脚前踢（14–1），向前落下成右弓步；同时，右手背拳前击（14–2）。

动作要点　背拳前击的右臂从左髋关节开始，拳心向下，从辅助手臂的内侧向外击出，目标高度是人中。

扣分事项　右臂从辅助手臂的外侧开始击打或腕部弯曲时。

15左走步左手中位内格挡

左脚向左移步，带动身体向左旋转90°，成左走步；同时，左手中位内格挡。

16中位右手直拳

17右手中位内格挡

以左脚为轴，右脚向后移步，带动身体向右旋转180°，右脚在前成右走步；同时，右手中位内格挡。

18中位左手直拳

19左弓步中位内格挡，右手直拳，左手直拳

19-1

19-1（右视图）

19-2

19-2（右视图）

19-3

19-3（右视图）

左脚向左移步，带动身体向左旋转 90°，成左弓步；同时，做左手中位内格挡（19-1），两次直拳（19-2，19-3）。

注意事项 移动时注意重心的起伏不能过大，19-2 和 19-3 连续进行，速度要快。

20右弓步中位格挡，左手直拳，右手直拳，配合发声

20-1　　20-1（右视图）

20-2　　20-2（右视图）

20-3　　20-3（右视图）

右脚上步，成右弓步；同时，做右手中位内格挡（20-1），两次直拳（20-2，20-3）。

注意事项 20-2和20-3连续进行，速度要快。

收势还原

以右前脚掌为轴，带动身体向右旋转180°，左脚收回，还原成准备姿势。

太极五章（巽）

太极五章的含义是八卦中的“巽”，指的是风，表示威风与安静。太极五章是可以调节力量强弱的修炼阶段。新的动作包括下锤拳、旋肘前击、侧踢的同时直拳侧击、掌肘对击。站姿是后交叉步和左右站姿。适合跆拳道蓝带修炼者练习。

视频链接：

太极五章正面演示

视频链接：

太极五章侧面演示

视频链接：

太极五章背面演示

基本动作》

准备姿势

双脚开立，形成并排步，双手握拳置于腹前。

1 左弓步下格挡

左脚向左移步，带动身体向左旋转 90°，成左弓步；同时，左手下格挡。

2 左手高位锤拳

左脚收回，成左战势；同时，左手下锤拳。

动作要点 拳的高度与眼部同高，左右脚内侧形成 90° 角；下锤拳时，击打的拳要从辅助拳内侧向外击打，动作幅度要大。

3 右弓步下格挡

以左脚为轴，右脚向后移步，带动身体向右旋转 180° ，成右弓步；同时，右手下格挡。

4 右手高位锤拳

右脚收回，成右战势；同时，右手下锤拳。

5 左弓步，左手下格挡，右手内格挡

以右脚为轴，左脚向左侧移步，带动身体向左旋转 90° ，成左弓步；同时，做中位内格挡两次。

动作要点 左手中内格挡的高度与肩部同高；步法不变，再做右手中内格挡。

注意事项 5-1 和 5-2 要连续完成。

5-1　　5-2

6右脚前踢，右弓步右手背拳，左中内格挡

6–1

6–2

6–3

右脚前踢（6–1），向前落下成右弓步，同时，右背拳前击（6–2），左手中内格挡（6–3）。

动作要点　落步与背拳要同步进行，背拳击打的高度是人中。

注意事项　动作 6–2 和 6–3 的出拳、格挡高度要明显。

7左脚前踢，左弓步左手背拳，右中内格挡

7–1

7–2

7–3

左脚前踢（7–1），向前落下成左弓步，同时左背拳前击（7–2），右手中内格挡（7–3）。

8上步背拳

右脚上步成右弓步；同时，右背拳前击。

动作要点 弓步与背拳要同时进行。

9左后转身左手单手刀

以右脚为轴，左脚向右旋转 270°，成右三七步；同时，左单手刀中外格挡。

动作要点 做单手刀中外格挡时，手指尖部与肩部同高；腕部伸直，肘关节放松下垂。

10右弓步肘前击

右脚上步成右弓步；同时，右旋肘前击。

动作要点 右旋肘前击的高度是下颌，动作完成后，攻击手臂的拳心向下，腕部伸直，肩部向左转约 160°。

11右后转身右单手刀

以左脚为轴，右脚向右旋转 180°，成左三七步；同时，右单手刀中外格挡。

12左侧踢肘前击

左脚上步成左弓步；同时，做左旋肘前击。

动作要点 左弓步与左旋肘前击要同步进行；左旋肘前击的高度是下颌，动作完成后，攻击手臂的拳心向下，腕部伸直，肩部向左转160°。

扣分事项 动作完成的高度不准确。

13左手下格挡，右中内格挡

13-1　　13-1（右视图）

13-2　　13-2（右视图）

以右脚为轴，左脚向左旋转90°，成左弓步；同时，左手下格挡（13-1），再做右手中内格挡（13-2）。

14 右脚前踢，右弓步右手下格挡，左中内格挡

14-1

14-1（右视图）

14-2

14-2（右视图）

14-3

14-3（右视图）

右脚前踢（14–1），向前落下成右弓步；同时，做右手下格挡（14–2），再做左手中内格挡（14–3）。

15 左弓步上格挡

以右脚为轴，左脚向左旋转 90°，成左弓步；同时，左手上格挡。

16 右脚侧踢，右拳侧击，右侧踢掌肘对击

16-1

16-2

右脚侧踢，右拳侧击（16-1）；右脚侧踢，向前落下成右弓步，同时，掌肘对击（16-2）。

动作要点 掌肘对击完成后，肩部向右旋转，充分使用腰部的力量。

注意事项 侧踢与侧击同时进行；侧击时拳心向下；侧踢时肩部、髋部、脚后跟在一个平面上。

扣分事项 侧踢与侧击时拳与腿部的距离超过一立掌，或不足一立掌；掌肘对击时利用手臂对击。

17 右弓步上格挡

以左脚为轴，右脚向右旋转180°，成右弓步；同时，做右手上格挡。

18 左脚侧踢，左拳侧击，左侧踢掌肘对击

18-1　　18-2

左脚侧踢，左拳侧击（18–1），左脚侧踢，侧踢的脚向前落下，成左弓步；同时，掌肘对击（18–2）。

动作要点　掌肘对击完成后肩部向左旋转，充分使用腰部的力量。

扣分事项　掌肘对击时利用手臂对击。

19 左弓步下格挡，右中内格挡

19–1　　19–1（右视图）　　19–2　　19–2（右视图）

以右脚为轴，左脚向左旋转 90°，成左弓步；同时，做左手下格挡（19–1），再做右手中内格挡（19–2）。

20 右脚前踢，交叉步背拳

20-1　　20-1（右视图）　　20-2　　20-2（右视图）

右脚前踢（20-1），向前落下形成后交叉步；同时，右背拳前击，并配合发声（20-2）。

动作要点　向下跺脚的同时，形成后交叉步，右脚与正前方成 45° 角，右脚与左脚尖间隔一拳的距离；背拳前击动作路线是从里到外。

扣分事项　向下跺脚的脚尖指向正前方或背拳前击的手臂从外到里。

收势还原

以右脚前掌为轴，向后旋转 180° ，左脚回收，还原成准备姿势。

太极六章（坎）

太极六章的含义是八卦中的“坎”，指的是水的川流不息与柔韧。太极六章就像万物之源的水一样，每个技术动作的连接必须连贯，没有停顿。新动作包括单手刀上位斜外格挡、横踢、单手掌中内格挡、双手交叉分式下格挡等，适合跆拳道蓝红带修炼者练习。

视频链接：

太极六章正面演示

视频链接：

太极六章侧面演示

视频链接：

太极六章背面演示

基本动作》

准备姿势

双脚开立，形成并排步，双手握拳置于腹前。

1 左弓步下格挡

左脚向左移步，带动身体向左旋转90°，成左弓步；同时，做左下格挡。

2 右脚前踢，右三七步中外格挡

2-1　　2-2

右脚前踢（2–1），收回前踢的右脚，左脚在前，成右三七步；同时，做左手中外格挡（2–2）。

动作要点　前踢与中外格挡同步进行。

扣分事项　格挡和脚落地的动作分开进行。

3 右弓步下格挡

以左脚为轴，右脚向后移步，带动身体向右旋转180°，成右弓步；同时，做右下格挡。

4 左脚前踢，左三七步中外格挡

4-1　　4-2

左脚前踢（4–1），收回前踢的左脚，右脚在前，成左三七步；同时，做右手中外格挡（4–2）。

5 左弓步单手刀上位斜外格挡

以右脚为轴，身体向左旋转 90°，移左脚成左弓步；同时，做右单手刀上位斜外格挡。

动作要点 格挡起始点的手刀从左髋关节开始，经过面部时开始格挡，掌心向上，辅助的手臂在右肩部，拳心向外；格挡时需交叉格挡；动作完成后，格挡的手刀与耳部同高，肩部向左转 45°。

扣分事项 格挡时用单手格挡，格挡后肘关节向外翘起，肩部旋转的角度不准确。

6 右脚横踢，左弓步外格挡，右手直拳

6–1　6–2　6–3

右脚横踢（6–1），左脚向左移步，身体同步向左旋转 90°，成左弓步；同时，左手上位外格挡（6–2），右手直拳（6–3）。

动作要点 横踢时，双拳放在胸口，踢腿的高度为头部，使用部位是前脚掌；左手的腕部与耳部同高，腕部要伸直；右脚向前落地的宽度与弓步距离同宽。

扣分事项 横踢后双脚并拢，向格挡方向落地，宽度与弓步的宽度相同，视线注视进攻的方向；动作6–2和6–3分开进行或动作6–2的格挡用单手格挡。

7 右脚前踢，右弓步左直拳

7–1

7–2

右脚前踢（7–1），向前落下成右弓步；同时，做左手直拳（7–2）。

动作要点 右弓步与左手直拳要同步进行。

8 右弓步外格挡，左手直拳

8–1

8–2

以左脚为轴，右脚向后移步，带动身体向右旋转180°，移右脚成右弓步；同时，右手上位外格挡（8–1），左手直拳（8–2）。

扣分事项 动作8–1和8–2分开进行时。

9 左脚前踢，左弓步右直拳

9–1

9–2

左脚前踢（9–1），向前落下成左弓步；同时，做右手直拳（9–2）。

10 双手交叉分手下格挡

10–1

10–2

以右脚为轴，左脚向后移步，带动身体向左旋转 90°，成并排步；同时，左右手交叉，脚原地不动，双手交叉分手下格挡。

动作要点　左右手交叉时，右手在内、左手在外，拳心向内，格挡在 5 秒完成。

扣分事项　没有在规定时间完成格挡动作或交叉的手臂位置不准确。

11 右弓步斜外格挡

右脚上步成右弓步；同时，做左单手刀上位斜外格挡。

动作要点 格挡时需交叉格挡，动作完成后，格挡的手刀与耳部同高，肩部向左转 45° 。

扣分事项 格挡时，用单手格挡；格挡后，肘关节向外翘起或肩部的角度不准确。

12 左脚横踢，右弓步下格挡

12-1

12-2

左脚横踢（12-1），横踢的左脚向前落下，同时，以左脚为轴，身体向左旋转 270° ，成右弓步；同时，做右下格挡（12-2）。

动作要点 右脚向前落地的宽度与弓步的距离同宽。

扣分事项 横踢后，双脚并拢或向格挡方向落地。

13 左脚前踢，三七步外格挡

13-1　13-2

左脚前踢（13-1），收回前踢的左脚，右脚在前，成左三七步；同时，右手中外格挡（13-2）。

14 左弓步下格挡

以右脚为轴，左脚向后移步，带动身体向左旋转 180°，成左弓步；同时，做左下格挡。

15 右脚前踢，三七步外格挡

15-1　15-2

右脚前踢（15-1），收回前踢的右脚，左脚在前，成右三七步；同时，做左中外格挡（15-2）。

16 三七步中位格挡

以左前脚掌为轴，身体向左旋转90°，移右脚成右三七步；同时，做左手刀中位格挡。

动作要点 要以前脚掌为轴进行旋转，格挡与旋转要同步进行。

17 三七步中位格挡

以右脚为轴，左脚向后移步，成左三七步；同时，右手刀中位格挡。

18 左弓步中位格挡，右手中位直拳

18-1

18-2

右脚向后移步，成左弓步；同时，做左手掌中位内格挡（18-1），右手中位直拳（18-2）。

动作要点 格挡的手掌与耳部同高，掌心向外，辅助的手臂放松伸直，拳心向下，格挡的高度与胸口同高。

19 右弓步中位格挡，左手中位直拳

19-1

19-2

左脚向后移步，成右弓步；同时，做右手掌中位内格挡（19-1），左手中位直拳（19-2）。

收势还原

以左脚为轴，收回右脚，形成并排步；同时，还原成准备姿势。

太极七章（艮）

太极七章的含义是太极八卦中“艮”，指的是山，表示稳重与稳健，通过修炼可达到不可动摇的意识和力量。太极七章的技术动作比较多样化，与前几章比较，难度较大。其动作包括手刀下格挡、手掌中内格挡、并步抱拳、剪刀手格挡、膝击胸口、双手交叉中位外格挡、交叉拳下格挡、背拳外击等，适合跆拳道红带修炼者练习。

视频链接：

太极七章正面演示

视频链接：

太极七章侧面演示

视频链接：

太极七章背面演示

基本动作》

准备姿势

面向前方，做准备姿势。

1 左虎步中位格挡

左脚向左移步，带动身体向左旋转90°，成左虎步；同时，右手掌做中位内格挡。

动作要点 虎步的前脚与后脚相距两脚的距离；格挡时，起始动作的掌心向外，高度与颈部同高；格挡完成的高度是胸口。

2 右脚前踢，左虎步中内格挡

2-1

2-2

右脚前踢（2-1），收回前踢的右脚，左脚在前，成左虎步；同时，做左手中内格挡（2-2）。

动作要点 虎步和格挡同步进行。

扣分事项 虎步过大或过小，格挡的高度过高或过低。

3 右虎步中位格挡

以左前脚掌为轴，右脚向后移步，带动身体向右旋转180°，移右脚，右脚在前成右虎步；同时，左手掌中内格挡。

注意事项　移动时重心起伏不要过大。

4 左脚前踢，右虎步中内格挡

4–1　　4–2

左脚前踢（4–1），收回前踢的左脚，右脚在前，成右虎步；同时，做右手中内格挡（4–2）。

5 右三七步双手刀下格挡

以右脚为轴，左脚向左移步，带动身体向左旋转 90°，成右三七步；同时，左侧手刀下格挡。

动作要点 辅助手的腕部伸直，高度与胸口同高，辅助手与身体的距离是一立掌。

6 左三七步双手刀下格挡

以左脚为轴，右脚上步成左三七步；同时，做右侧手刀下格挡。

注意事项 移动时重心的起伏不要过大。

7 左虎步中位格挡

以右脚为轴，身体向左旋转 90°，移左脚成左虎步；同时，右手掌中位内格挡。

动作要点 格挡的高度是胸口，辅助手臂的拳心向下。

8 左虎步右背拳前击准备动作，右背拳前击

8-1

8-2

动作要点　准备动作收回时，右拳放在左肩处，拳心向内；背拳前击的高度是人中，出拳时要使用腰部的力量。

扣分事项　上身动作幅度过大。

9 右虎步中格挡

以左前脚掌为轴，身体向右旋转180°，移右脚，右脚在前，成右虎步；同时，左手掌中内格挡。

10 右虎步左背拳前击准备动作，左背拳前击

10-1

10-2

11 并步抱拳

以右前脚掌为轴，收左脚成并步；同时，抱拳。

动作要点 并步后，抱拳5秒完成，动作从丹田开始到人中高度，双肘放松下垂，左手抱右拳。

扣分事项 站势和抱拳不同步进行或高度不准确。

12 左弓步剪刀格挡

12-1

12-2

左脚上步成左弓步；同时，做剪刀格挡（左手做中外格挡，右手做下格挡）。

动作要点 剪刀手格挡时要连续进行，要利用腰部的力量。

扣分事项 格挡两只手臂之间的宽度及格挡手臂的高度不准确。

13 右弓步剪刀格挡

13-1

13-2

右脚上步成右弓步；同时，做剪刀格挡（右手做中外格挡，左手做下格挡）。

14 左弓步中外格挡

以右脚为轴，左脚向后移，身体向左旋转约 270°，成左弓步；同时，双手交叉中外格挡。

动作要点 格挡时，起始动作在胸前成“X”形，完成动作与肩部同高。

15 右腿提膝攻击胸口，交叉步双仰直拳

15-1

15-2

15-3

右腿提膝攻击准备（15–1），右腿提膝攻击胸口后（15–2），向前落下形成后交叉步；同时，做中位双仰直拳（15–3）。

动作要点 完成动作时，有抓住对方肩部向下压的感觉；提膝时，身体中正，双拳在踝关节处，膝关节与髋关节同高；中位双仰直拳的起始动作要从髋关节出发，拳心向下。

扣分事项 攻击时，双拳不展开；动作完成后，双臂的肘关节弯曲。

16 右弓步下格挡

左脚后撤一步成右弓步；同时，双拳交叉做右侧下格挡。

动作要点 交叉拳时左手在上、右手在下，拳心向上；动作完成后，双拳的拳心向左右两侧。

17 右弓步外格挡

以左脚为轴，右脚向后移步，带动身体向右旋转 180° ，成右弓步；同时，双手交叉中外格挡。

18 左腿提膝攻击胸口，交叉步双仰直拳

18-1　18-2　18-3

左腿提膝攻击准备（18-1），左腿提膝攻击胸口后，向前落地形成后交叉步（18-2），同时，做中位双仰直拳（18-3）。

动作要点　完成动作时，有抓住对方肩部向下拉的感觉；提膝时，身体中正，双拳在踝关节处，膝关节与髋关节同高；双拳的拳心向下。

扣分事项　攻击时，双拳不展开或动作完成后双臂的肘关节弯曲。

19 弓步双拳交叉下格挡

右脚后撤一步，成左弓步；同时，双拳交叉做左侧下格挡。

动作要点　交叉拳时，左手在下、右手在上，拳心向上；动作完成后，双拳的拳心向左右两侧。

20 左走步背拳外击

右视图

以右脚为轴，身体向左旋转 90°，移左脚成左走步；同时，左侧背拳外击。

动作要点 背拳外击的起始动作从右肩部开始，拳心向脸部，攻击的部位是太阳穴。

21 右脚内摆，马步掌肘对击

21-1　21-1（右视图）　21-2　21-2（右视图）

右脚内摆（21-1），落下形成马步；同时，掌肘对击（21-2）。

动作要点 进攻动作完成时，手掌和脚掌在头部高度时对击；掌肘对击与马步同步进行，视线注视进攻的方向。

扣分事项 对手时，手掌左右或上下晃动；分开做动作或视线方向不准确。

22 右走步背拳外击

右视图

身体直立，同时右转90°，左脚跟步成右走步；同时，右侧背拳外击。

动作要点 背拳外击的起始动作从肩部开始。

23 左脚内摆，马步掌肘对击

23-1　　23-1（右视图）

23-2　　23-2（右视图）

左脚内摆（23-1），落下形成马步；同时，做掌肘对击（23-2）。

动作要点 掌肘对击与马步同步进行，视线注视进攻的方向。

扣分事项 分开做动作或视线不准确。

24 马步单手刀

右视图

步法不变，左单手刀中外格挡。

动作要点 单手刀中外格挡时，利用腰部力量。

25 马步直拳

右视图

以左前脚掌为轴旋转 180° ，移右脚，形成马步；同时，做右手直拳并配合发声。

还原收势

以右前脚掌为轴，带动身体向左旋转 90° ，收回左脚，还原成准备姿势。

太极八章（坤）

太极八章的含义是八卦中的“坤”，指的是阴阳中的阴或大地，表示稳定，也表示结束。新动作包括双手中外格挡、左手下格挡、右手上位外格挡、勾拳、前交叉步、肘部旋击、背拳前击，腿法是跳起两次前踢（腾空二段前踢）和原地前踢接跳起前踢等，适合跆拳道红黑带修炼者练习。

视频链接：

太极八章正面演示

视频链接：

太极八章侧面演示

视频链接：

太极八章背面演示

基本动作》

准备姿势

三七步双手中位外格挡

左脚向前移步，成右三七步；同时，做双手中位外格挡。

动作要点 起始动作与手刀格挡相同，双拳的腕部要伸直，格挡手臂的高度与肩部同高。

2 左弓步右手直拳

左脚向前移动一脚距离，形成左弓步；同时，做右手直拳。

动作要点 直拳时，把拳拉到髋关节后再开始出拳。

扣分事项 直拳时，直接从胸口开始出拳。

3 二段前踢，左弓步中位内格挡，右左直拳

3-1-1 3-1-2 3-2 3-3 3-4

左脚跳起腾空，同时做二段前踢（3-1）；前踢的左脚向前落下，成左弓步；同时，做左中内格挡（3-2）和右手直拳（3-3）、左手直拳（3-4）。

动作要点 腾空二段前踢后，支撑脚向前落地的距离与弓步距离同宽；3-3 和 3-4 的动作要快速进行。

扣分事项 落地后重心不稳，落地的距离比弓步大或小。

4 右弓步右直拳

右脚上步成右弓步；同时，
做右手直拳。

5 右弓步外山势格挡

以右脚为轴，身体向左旋转 180°，移左脚形成右弓步，同时，做左手下格挡、右手上位外格挡，简称右外山势格挡。

动作要点 形成弓步时，双脚尖向上位外格挡方向形成 45° 角；外山势格挡时，双拳发力在胸前交叉，然后再同步进行右上位外格挡和左下格挡，右上位格挡的手臂经过面部，动作完成后，腕部与耳部同高。

扣分事项 双脚的角度、格挡手臂的高度不准确或格挡时缓慢进行动作。

6 左弓步右勾拳

右脚带动身体向左旋转 90° ，移左脚的同时形成左弓步，并出右钩拳。

动作要点 勾拳时，起始点辅助手臂与肩部同高，双拳的拳心向下，并从胸部开始做动作，慢慢旋转击出，辅助手旋转到右肩部时，拳心向脸部，格挡节奏是 8 秒。

扣分事项 动作节奏过快或动作完成时发力，击的拳从下到上时，辅助的手臂不在肩部时。

7 交叉步，左弓步外山势格挡

7–1　　7–2

左脚向右移步，带动身体向右旋转 90° ，形成前交叉步（7–1）；同时，做外山势格挡的起始动作；脚向右上步，身体左转成左弓步，做左外山势格挡（7–2）。

动作要点 交叉步时，要以前脚掌为轴旋转交叉；做左外山势格挡时，右拳放在左肩部，拳心向脸部，左拳放在右髋关节，拳心向上，视线看向右脚脚后跟。

扣分事项 交叉步不准确时。

8 右弓步左勾拳

左脚带动身体向右旋转 90°，移右脚成右弓步；同时，做左勾拳。

9 三七步中位格挡

以左脚为轴，身体向左旋转 270°，移右脚，左脚在前，成右三七步；同时，左手刀中位格挡。

注意事项　支撑脚旋转时需一次旋转到位；旋转后，三七步的宽度不能过大或过小。

10 左弓步直拳

右脚带动身体向左旋转 45°，左脚向前移一脚距离，形成左弓步；同时，做右手中位直拳。

11 右脚前踢，右虎步中位格挡

11-1

11-2

右脚前踢（11–1），收回前踢的右脚，形成右虎步；同时，右手在前，做右手掌中位内格挡（11–2）。

动作要点 前踢后，向后拉腿的同时形成虎步；右手掌中位内格挡时，高度与胸口同高。

扣分事项 前踢后，向后拉腿的距离或格挡的高度不准确。

12 左虎步中位外格挡

以右脚为支撑，身体向左旋转 90°，移左脚成左虎步；同时，左手刀中位外格挡。

13 左脚原地前踢，左弓步中位直拳

13-1

13-2

左脚前踢（13-1），向前落下成左弓步；同时，做右手中位直拳（13-2）。

动作要点　左弓步与右直拳同步进行，动作要明显，弓步不能过大或过小。

14 左虎步中内格挡

左脚回收，成左虎步；同时，左手掌中内格挡。

动作要点　手掌中位内格挡高度与胸口同高。

15 右虎步中位外格挡

以左前脚掌为轴，身体向右旋转180°，移右脚成右虎步；同时，右手刀中位外格挡。

动作要点　旋转要以前脚掌为轴旋转。

扣分事项　虎步不能过大或过小。

16 右脚原地前踢，右弓步中位直拳

16-1

16-2

右脚前踢(16-1)，向前落下成右弓步；同时，做左手中位直拳(16-2)。

17 右虎步中内格挡

右脚回收，成右虎步；同时，做右手掌中内格挡。

18 三七步双手下格挡

右视图

以左脚为轴，右脚向右移步，带动身体向右旋转 90°，成左三七步；同时，做双手下格挡。

注意事项　移动时，重心的起伏不能过大。

19 二段前踢，右弓步中内格挡，左右直拳

19-1-1　　19-1-1（右视图）

19-1-2　　19-1-2（右视图）

19-2

19-2（右视图）

19-3

19-3（右视图）

19-4

19-4（右视图）

左脚前踢，高度与胸口同高（19-1-1），原地腾空右脚前踢，并配合发声（19-1-2）；腾空前踢的右脚向前落下，成右弓步；同时，做右中内格挡（19-2）、左手直拳（19-3）和右手直拳（19-4）。

动作要点　第一个前踢收回的同时交换踢第二个前踢，在第一次前踢完成落地前做第二次前踢；腾空前踢时，原地交换前踢腿。

扣分事项　第一腿踢完后向前跳出。

20 三七步中位格挡

以右脚为轴，身体向左旋转270°，左脚左移，成右三七步；同时，做左单手刀中外格挡。

动作要点　旋转时用脚前掌，右三七步与格挡动作要同步完成。

21 左弓步右肘旋击

左脚向前移动一步，右脚向内侧旋转半脚，成左弓步；同时，右肘旋击。

动作要点　旋击的高度与下颌同高，弓步与旋击同步进行。

22 右手背拳前击

23 左手中位直拳

24 左三七步单手刀外格挡

以左脚为轴，身体向右旋转180°，移右脚，成左三七步；同时，做右单手刀中外格挡。

25 右弓步左肘旋击

右脚向前移一脚，左脚向内侧旋转半脚，成右弓步；同时，左肘旋击。

26 左手背拳前击

27 右手中位直拳

收势还原

以右前脚掌为轴，带动身体向左旋转90°，收左脚，还原到准备姿势。

高丽品势

高丽品势的含义是“士”，指尚武精神和绅士风度。新动作包括两次侧踢（二段侧踢）、单手刀外击、单手刀下格挡、虎口前击、拳心向内双臂外格挡、上提下压折膝攻击、拳掌对击、肘侧击、手刀上提下击等，适合一品或一段修炼者练习。

视频链接：

高丽品势正面演示

视频链接：

高丽品势侧面演示

视频链接：

高丽品势背面演示

基本动作》

准备姿势

并排步，做好高丽准备姿势。

动作要点　双手掌心相对，双手掌间隔距离是双拳距离，手尖与鼻尖同高，肘关节放松下垂，高丽准备姿势应在8秒完成。

扣分事项　动作幅度过大或与规定动作不同或未在规定时间完成动作。

1 右三七步中位格挡

左脚向左移，身体向左旋转约 90° ，成右三七步；同时，左手刀中位格挡。

2 右脚下位侧踢，右脚上位侧踢，右弓步单手刀外击

2-1

2-2

2-3

右脚下位侧踢（2–1），右脚上位侧踢（2–2），侧踢的右脚向前落下，成右弓步；同时，右单手刀外击（2–3）。

动作要点 动作 2–1 和 2–2 是一个动作，踢腿时首先夹腿，第一次踢腿的高度是膝关节部位，第二次踢腿在膝关节抬到髋关节部位时踢出，踢的高度是头部。动作完成后，视线、肩部、髋关节、脚后跟在一个平面上。手刀外击的动作从肩部开始，掌心向脸部，攻击部位是颈部。

扣分事项 踢腿速度缓慢、踢腿时有停顿、重心不稳。

3 左手直拳

4 左三七步中内格挡

左脚向左旋转 45° ，右脚回收一脚长距离，成左三七步；同时，做右手中内格挡。

动作要点 三七步和中内格挡要同步进行。

5 左三七步中位格挡

以左前脚掌为轴，身体向右旋转 180° ，移右脚成左三七步；同时，做右手刀中位格挡。

扣分事项 旋转时脚底有碎步。

6 左脚下位侧踢，左脚上位侧踢，左弓步单手刀外击

6–1

6–2

6–3

左脚下位侧踢（6–1），左脚上位侧踢（6–2），侧踢的左脚向前落下，成左弓步；同时，左单手刀外击（6–3）。

动作要点 踢腿时首先夹腿，动作6–1和6–2是一个动作，第一次踢腿的高度是膝关节，第二次踢腿踢出的高度需到头部。动作完成后，视线、肩部、髋关节、脚后跟在一个平面上。

扣分事项 踢腿速度缓慢、踢腿时有停顿、踢腿时重心不稳。

7 右手直拳

8 右三七步中内格挡

右脚向右旋转 45°，左脚收回一脚长度，成右三七步；同时，左手做左中内格挡。

9 左弓步单手刀下格挡，右虎口刺击

9–1　　9–2

以右前脚掌为轴，身体向左旋转 90°，移左脚成左弓步；同时，左单手刀下格挡（9–1），右虎口刺击（9–2）。

动作要点　单手刀下格挡从肩部开始，掌心向脸部，格挡的路线与下格挡相同；虎口前击从髋关节处开始，拳心向上，在攻击目标的同时张开虎口，攻击颈部，形态如虎口。

扣分事项　虎口刺击时，虎口从髋关节开始就张开，或虎口到攻击目标时向上翘起、未张开。

10 右脚前踢，右弓步单手刀下格挡，左虎口刺击

10-1

10-2

10-3

右脚前踢（10–1），前踢的右脚向前落下，成右弓步；同时，做右单手刀下格挡（10–2），左虎口前击（10–3）。

动作要点 在虎口前击的手臂收回的同时踢腿；虎口前击从髋关节处开始，拳心向上，在攻击目标的同时张开虎口，攻击颈部，形态如虎口。

扣分事项 前踢时，虎口前击的手臂成伸直状态；虎口刺击时，虎口从髋关节开始就张开，或虎口到攻击目标时向上翘起、未张开。

11 左脚前踢，左弓步单手刀下格挡，右虎口前击并配合发声

11-1　　11-2　　11-3

左脚前踢（11-1），前踢的左脚向前落下，成左弓步；同时，做左单手刀下格挡（11-2），右虎口前击（11-3）。

动作要点　在虎口前击手臂收回的同时踢腿；发声和刺击同时进行。

扣分事项　前踢时，虎口前击的手臂成伸直状态；刺击和发声不统一。

12 右脚前踢，右弓步下压折膝攻击

12-1　　12-2

右脚前踢（12-1），前踢的右脚向前落下，成右弓步；同时，右手上提、左手下压折膝攻击（12-2）。

动作要点　左手从左髋关节开始，掌心向上，右臂伸直与膝关节同高，掌心向下，双臂同时旋转。动作完成后，左右手与髋关节同高。

扣分事项　折膝攻击时，动作从胸口开始、虎口没有张开，或掌心向上、向下。

13 右弓步双手交叉外格挡

右视图

以右前脚掌为轴，带动身体向右旋转 180° ，左脚向前上步，形成右弓步；同时，掌心向内，双手交叉做中外格挡。

动作要点 格挡时，动作从胸前开始，双手成“X”形，拳心向前。

14 左脚前踢，左弓步右手下压折膝攻击

14−1　　14−2　　14−2（右视图）

左脚前踢（14−1），前踢的左脚向前落下，成左弓步；同时，左手上提、右手下压折膝攻击（14−2）。

动作要点 右手从右髋关节开始，掌心向上，左臂伸直与膝关节同高，掌心向下，双臂同步旋转。动作完成后，左右手与髋关节同高。

扣分事项 折膝攻击时，动作从胸口开始、虎口没有张开，或掌心向上、向下。

15 走步双手中外格挡

右视图

左脚向后收回一脚半的距离，左脚在前形成走步；同时，拳心向内，双手交叉做中外格挡。

动作要点　格挡时，双手在胸前形成“X”形，拳心向前；动作完成后，拳与肩部同宽、同高。

扣分事项　格挡时，双臂向前翻或向前攻击。

16 马步单手刀

以左前脚掌为轴，身体向右旋转180°，移右脚形成马步；同时，做左单手刀中外格挡。

扣分事项　旋转时，脚底有碎步；马步的宽度过宽或过窄。

17 右拳与左掌对击

动作要点　双臂伸直，肩部向左旋转45°，拳的高度在胸口处。

扣分事项　动作完成时，拳过高或过低，双臂的肘关节弯曲。

18 交叉步，左脚侧踢，右弓步单手刀

18-1

18-2

18-3

右脚向前移步，左脚向左旋转 90° ，脚后跟翘起，成右前交叉步（18–1），左脚侧踢（18–2），侧踢后小腿收回，身体向右旋转 90° ，成右弓步；同时，做左侧手刀上提下击（18–3）。

动作要点　在拳掌对击手臂回收的同时侧踢；侧踢与手刀上提下击要同步进行。

扣分事项　手脚动作分开进行。

19 走步下格挡

右脚向后收回一脚半距离，右脚在前，形成走步；同时，做右下格挡。

动作要点　右脚收回做下格挡时，要使用腰部的力量。

20 左脚上步左掌下压，马步右肘侧击

20-1

20-2

左脚上步，左掌下压（20–1），以左前脚掌为轴，身体向左旋转 90°，右脚前移形成马步；同时，做右肘侧击（20–2）。

动作要点　左掌下压开始时，掌心向外与耳部同高，辅助的手臂与胸口同高，格挡完成后左手与胸口同高；马步不能过宽或过窄，攻击动作完成后，肘关节与胸口同高，拳和掌在胸口的右侧，拳心向下；20–1 和 20–2 动作要连续进行。

21 马步单手刀

步法不变，右单手刀中外格挡。

动作要点　格挡时，要用腰部缓冲的力量进行格挡。

22 马步左拳掌对击

动作要点 拳掌对击时，双臂伸直，拳心向下，肩部向左45°角，双臂的高度在胸口处。

扣分事项 动作完成后，双臂比胸口高或低，双臂的肘关节弯曲。

23 交叉步，右脚侧踢，左弓步单手刀上提下击

23-1 23-2 23-3

左脚向右，形成左前交叉步（23-1），右脚侧踢（23-2），侧踢后小腿回收向下落地，身体向左旋转90°，成左弓步；同时，做右侧手刀上提下击（23-3）。

动作要点 在拳掌对击手臂回收的同时侧踢；起始时，双掌心向下；侧踢与上提下击要同时进行。

扣分事项 手脚动作分开进行。

24 走步下格挡

左脚向后收回一脚半距离，左脚在前形成走步，同时，做左手下格挡。

25 右脚上步右掌下压，马步左肘侧击

25–1　　25–2

右脚上步，右掌下压（25–1），以右前脚掌为轴，身体向右旋转 90°，左脚前移，形成马步；同时，左肘侧击（25–2）。

动作要点　25–1 和 25–2 的动作要连续进行；动作完成后，拳掌与胸口同高，拳掌在胸口的左侧。

扣分事项　手脚动作分开进行。

26 并步拳掌对击

26-1 26-2 26-3

左脚不动，右脚收回成并步；同时，视线看向前方，左拳右掌下位对击。

动作要点 双臂到头部以上时并步，双臂到肩部高度时开始对击，动作节奏是 5 秒。

扣分事项 双脚并拢的速度缓慢。

27 左弓步单手刀外击，左弓步单手刀格挡

27-1 27-1（右视图） 27-2 27-2（右视图）

以右前脚掌为轴，身体向左旋转 180°，左脚后移，成左弓步，同时，左单手刀外击（27–1）；步法不变，右手收回腰间，做左单手刀下格挡（27–2）。

动作要点 双臂需交叉，攻击的手臂在上，辅助的手臂与胸口同高、拳心向下，动作完成后，攻击手臂的高度在颈部位置。

扣分事项 攻击时用单手攻击或动作完成后高度不准确；下格挡时用单手下格挡。

28 右弓步单手刀颈部攻击，右单手刀下格挡

28–1　28–1（右视图）　28–2　28–2（右视图）

右脚上步成右弓步，同时，做右手刀颈部攻击（28–1），右单手刀下格挡（28–2）。

动作要点 双臂需交叉，右掌与耳部同高、掌心向外，辅助手臂与胸口同高、拳心向下，动作完成后，攻击手臂的高度在颈部位置。下格挡完成后，肘关节伸直。

扣分事项 攻击时，用单手攻击或动作完成后高度不准确；下格挡时用单手下格挡。

29 左弓步单手刀颈部攻击，左单手刀下格挡

29-1　29-1（右视图）

29-2　29-2（右视图）

左脚上步，成左弓步，同时，做左手刀颈部攻击（29-1），左单手刀下格挡（29-2）。

动作要点　双臂需交叉，攻击的手臂与耳部同高、掌心向外，动作完成后攻击手臂的高度在颈部位置。

扣分事项　攻击时，用单手攻击或动作完成后攻击手臂高度不准确。

30 虎口前击

右视图

右脚上步的同时右虎口前击，并配合发声（做27、28、29、30动作时，行走路线是直线）。

收势还原

以右前脚掌为轴，带动身体向右旋转180°，左脚收回成并排步，还原成高丽准备姿势。

第五章
跆拳道竞赛与晋级考试

跆拳道手势及口令

裁判员手势及口令释义

视频链接：

裁判员手势及口令
演示视频

运动员入场

比赛开始前，裁判员向上屈肘抬臂，伸出双手食指，先指右手青方发出“Chung”（青）、再指左手红方发出“Hong”（红）的口令，指向场地中央运动员指定位置，指挥运动员上场，进入比赛区。

立正 / 敬礼

双方运动员相向站立，裁判员屈臂上举，双手掌心相对，五指并拢至眉高，发出“Cha-ryeot”（立正）的口令。然后双手掌心相对按下于胸前，发出“Kyeong-rye”（敬礼）的口令，令运动员相互敬礼。敬礼时自然站立，腰部前屈不小于30°，头部前屈不小于45°。鞠躬完毕后，运动员戴上头盔。

准备 / 开始

裁判员右手掌屈臂抬至右耳侧，左脚向前迈一步成弓步，右臂向下伸直，右手迅速劈下，同时发出“Joon-bi”（准备）的口令，左手握拳自然下垂。裁判员从“准备”姿势略向后收左腿成虚步，双臂在胸前张开，指向双方运动员，然后迅速向中间合拢，同时发出“Shi-jak”（开始）的口令。开始比赛。

分开 / 结束

裁判员右手掌屈臂抬至右耳侧，左脚向前迈一步成弓步，发出“Kai-yeo”（分开）或“Keu-man”（停）的口令，同时右手迅速劈下，左手握拳自然下垂，即代表比赛结束。

继续

裁判员站于运动员之间，右手直臂平伸，迅速屈臂至右耳处，同时发出“Kye-sok”（继续）的口令。

暂停

由于场地、器材、护具、服装、加分等原因需要中断比赛时，裁判员发出“Kal-yeo”（分开）口令暂停比赛，然后再面向计时台伸出两手食指在体前交叉成X形，左手在外，右手在内，发出“Shi-gan”（暂停）口令，令计时员停表。

计时

运动员受伤需要治疗时，裁判员发出“Kal-yeo”（分开）口令，暂停比赛，用右手食指指向计时台，同时发出“Kye-shi”（计时）的口令。

判罚警告

裁判员伸出右手食指指向犯规运动员，发出“Chung”（青）或“Hong”（红）口令，然后右手握拳屈肘至左肩，再用力挥出食指指向犯规运动员，发出“Kyong-go”（警告）的口令。

判罚扣分

裁判员伸出右手食指指向犯规运动员，发出“Chung”（青）或“Hong”（红）口令，然后右手握拳自然下垂成立正姿势。右臂向上伸直，食指上指，发出“Gam-jeom”（扣分）的口令。

宣告胜负

裁判员站在运动员中间，如青方获胜时，右手握拳屈臂至胸前，然后拳变掌向右上方成 45° 角迅速举起，同时发出“Chung seung”（青胜）的口令，左手握拳自然下垂。运动员在主裁判员宣判比赛结果后退场。

其他常用韩文口令

大家可以扫描这里的二维码，看到跆拳道基本口令、数字口令以及其他训练常用语的中韩对照版本及音译。（需要说明的是，如果图书出版时间已久，网页有可能失效。）

视频链接：

其他常用韩文口令

比赛规则

比赛场地

比赛区应为水平、无障碍物、八角形（接近圆形）的场地，或由中国跆协批准使用的其他规格的比赛场地。2016 年后，场地从以前的正方形变成八角形，以缩小运动员之间的距离，使比赛变得更加精彩激烈。

比赛区应铺设有弹性的比赛专用防滑垫。必要时，比赛区可根据实际需要置于一定高度的平台上。为保证运动员的安全，比赛台与地面的高度应为 0.6 ~ 1 米，比赛台场地边界线外应有与地面夹角小于 30° 的斜坡。

允许使用的技术

拳的技术　紧握拳头并使用正拳进行正面攻击的技术。

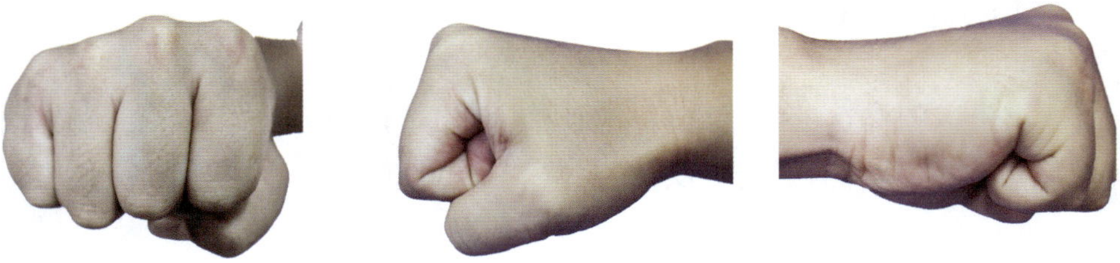

正面　　左侧面　　右侧面

脚的技术　使用踝关节以下脚的部位进行攻击的技术。使用踝关节以下脚的部位所进行的攻击技术是合法的技术，使用踝关节以上腿的部位，如小腿、膝关节等所进行的任何攻击是被禁止使用的行为。使用电子护具的比赛，电子脚套的感应部位由世界跆拳道联合会决定。

允许攻击的部位

躯干 允许使用拳和脚的技术攻击躯干部位被护胸包裹的部分，但禁止攻击后背脊柱。

头部 锁骨以上的所有部位，只允许使用脚的技术攻击。

注意事项

被护胸包裹的部位是允许被攻击的合法部位。基于此，运动员比赛时须穿戴与其体重级别相对应的护胸。

计分与判罚

计分规则

计分方式

· 人工计分时：由边裁判员对击打力度进行判定。

· 使用电子感应护具时：由电子感应护具中的电子感应器测量击打力度，根据体重级别、性别差异设定不同的力度标准。

分值

· 拳的技术击打躯干部分计 1 分。

· 踢击技术击打躯干部分计 2 分。

· 旋转踢技术击打躯干部分计 3 分（使用电子护具时边裁追加 2 分）。

· 踢击技术击中头部计 3 分，主裁判员读秒不追加分。

· 旋转踢技术击中头部计 4 分（使用电子头盔时边裁追加 1 分）。

· 被判罚 1 个“扣分”则给对方加 1 分。

· 比分为 3 局比赛得分的总和。

无效得分

· 运动员使用犯规行为得分时，所得分数视为无效。

· 主裁判员发出“开始”“继续”口令前或“分开”“结束”口令后的得分无效。

犯规行为与判罚

将被判罚“扣分”的行为

· 双脚越出边界线。

· 逃避或拖延比赛。

· 倒地。

· 抓住对方运动员进攻的脚将其摔倒，或用手推倒对方运动员。

·攻击对方运动员腰以下部位。

·用膝部顶撞或攻击对方运动员。

·用拳攻击对方运动员头部。

·提膝阻碍或逃避对方运动员的攻击，或提膝控腿超过 3 秒并无任何攻击技术以阻碍对方运动员的进攻，或有意图踢击对方腰部以下部位的行为。

·“分开”（Kal-yeo）口令后攻击对方运动员。

·攻击已倒地的对方运动员。

·教练员或运动员打断比赛进程。

·运动员或教练员的不良言行，如：不服从主裁判员判罚；对技术官员的判罚进行不恰当的抗议行为；对比赛结果有不恰当的干扰、影响行为；挑衅或侮辱对方运动员或教练员；非注册队医或其他运动队官员坐在医生席位；运动员或教练员有其他严重的不良行为或违反体育道德的行为。

每局比赛开始前，主裁判员应该检查双方运动员的电子护具和感应脚套，观察运动员是否有任何操纵电子计分系统，增加感应脚套敏感性或者其他违规方式的企图。如发现故意违规操纵的行为，主裁判员保留给予该名违规运动员“扣分”判罚的权利，同时，根据运动员违规的严重程度，主裁判员也保留判罚该名违规运动员“犯规败”的权利。

犯规败

当一名运动员被判罚 10 个“扣分”时，主裁判员判其“犯规败”。同样，当一名运动员操纵计分系统或拒绝服从主裁判员口令时，主裁判员判其“犯规败”。

中国跆拳道协会晋级考试

考试内容与演示视频

跆拳道是利用段位来表示练习者的学识造诣、技术水平和功力高下的。跆拳道根据练习者的水平分为十级和九段，初学者从十级开始逐渐升至一级，然后再入段，段位越高表明水平也越高，最高段位达九段。这里为大家提供了跆拳道九级至一级以及黑带一段的晋级考试示范视频，大家可以扫描书中的二维码查看。

九级白黄带晋级考试内容

1. 基本礼仪

a. 进馆礼义、鞠躬方法

b. 道服穿着：叠道服，系道带

2. 基本动作

a. 基本踢腿准备姿势、换势

b. 马步冲拳：一次、二次、三次冲拳

c. 下格挡、中内格挡、上格挡

3. 基本步法

a. 前滑步、后滑步

b. 上步、后撤步

4. 基本腿法

正踢、里合、外摆腿（配合发声）

5. 体能

a. 仰卧起坐（男 10 个、女 6 个、儿童 4 个）

b. 俯卧撑（男 10 个、女 6 个、儿童 4 个）

6. 击破：前踢腿

视频链接：

九级白黄带演示视频

八级黄带晋级考试内容

1. 柔韧

横、左右竖叉

2. 基本动作

走步、弓步

3. 腿法

a. 前踢（配合发声，左右各 2 次）

b. 左右前踢组合（配合发声，左右各 2 次）

4. 体能

a. 仰卧起坐（男 15 个、女 8 个、儿童 6 个）

b. 俯卧撑（男 10 个、女 6 个、儿童 4 个）

c. 双腿提膝（左右各 10 次）

5. 品势

太极一章必考

视频链接：

八级黄带演示视频

七级黄绿带晋级考试内容

1. 柔韧

横、左右竖叉（抽查）

2. 基本动作

行进间弓步上位正拳

3. 基本腿法

a. 横踢（配合发声，左右各 2 次）

b. 下劈（配合发声，左右各 2 次）

c. 横踢 + 高位横踢（配合发声，左右各 2 次）

4. 体能

a. 背肌（男 20 个、女 10 个、儿童 8 个）

b. 俯卧撑（男 15 个、女 10 个、儿童 8 个）

c. 两头起（男 15 个、女 10 个、儿童 5 个）

d. 每腿两次左右提膝（各 10 次）

5. 品势

太极二章必考

视频链接：

七级黄绿带演示视频

六级绿带晋级考试内容

1. 柔韧

横、左右竖叉（抽查）

2. 基本动作

行进间三七步单手刀中位外格挡

3. 腿法

a. 侧踹（配合发声，左右各 2 次）

b. 前腿下劈（配合发声，左右各 2 次）

c. 前腿横踢（配合发声，左右各 2 次）

4. 体能

a. 拳卧撑（男 10 个、女 5 个、儿童 3 个）

b. 两头起（男 20 个、女 12 个、儿童 8 个）

c. 立卧撑跳（男 15 个、女 10 个、儿童 6 个）

5. 品势

太极三章必考，太极一至二章中抽考一章

视频链接：

六级绿带演示视频

五级绿蓝带晋级考试内容

1. 柔韧

横、左右竖叉

2. 基本动作

a. 弓步平手尖刺击（左右各 2 次）

b. 弓步燕子手刀颈部攻击（左右各 2 次）

3. 腿法

a. 前旋踢（配合发声，左右各 2 次）

b. 双飞踢（配合发声，左右各 2 次）

c. 横踢接双飞踢（配合发声，左右各 2 次）

4. 体能

a. 快速转身左右横踢脚靶（左右各 4 下、配合发声）

b. 抱膝跳（男 15 个、女 10 个、儿童 8 个）

c. 拳卧撑（男 15 个、女 6 个、儿童 4 个）

5. 品势

太极四章必考，太极一至三章中抽考一章

视频链接：

五级绿蓝带演示视频

四级蓝带晋级考试内容

1. 柔韧

横、左右竖叉

2. 基本动作

下格挡 + 下锤拳（左右各 2 次）

3. 腿法

a. 后踢（配合发声，左右各 2 次）

b. 横踢 + 后踢（配合发声，左右各 2 次）

c. 原地腾空后踢（配合发声，左右各 2 次）

4. 体能

a. 单腿快速横踢脚靶（男 20 个、女 15 个、儿童 10 个）

b. 拳卧撑夹臂（男 15 个、女 8 个、儿童 6 个）

5. 品势

太极五章必考，太极一至四章中抽考一章

视频链接：

四级蓝带演示视频

三级蓝红带晋级考试内容

1. 柔韧

横、左右竖叉

2. 基本动作

a. 行进间单手刀上位斜外格挡（左右各 2 次）

b. 拳法：直拳击靶

3. 腿法

a. 360° 横踢（配合发声，左右各 2 次）

b. 横踢 +360° 横踢（配合发声，左右各 2 次）

c. 三飞踢（配合发声，左右各 2 次）

4. 体能

a. 立卧跳转体 360° 踢（男 10 次、女 8 次、儿童 4 次）

b. 双腿腾空左右分腿拍脚（男 10 次、女 8 次、儿童 6 次）

5. 品势

太极六章必考，太极一章至五章中抽考一章

视频链接：

三级蓝红带演示视频

二级红带晋级考试内容

1. 柔韧

横、左右竖叉

2. 基本动作

行进间虎步单手刀中位内格挡（左右各 2 次）

3. 腿法

a. 后旋踢（配合发声，左右各 2 次）

b. 横踢 + 后旋踢（配合发声，左右各 2 次）

c. 360° 横踢 + 后旋踢（配合发声，左右各 2 次）

d. 任意组合腿法（男 3 种、女 3 种、儿童 2 种）

4. 体能

a. 俯卧撑击掌（男 8 个、女 5 个、儿童 3 个）

b. 收腹跳 + 分腿拍脚（男 5 个、女 4 个、儿童 3 个）

c. 指卧撑（男 8 个、女 4 个、儿童 2 个）

5. 品势

太极七章必考，太极一至六章中抽考一章

6. 理论

裁判规则、技术理论答疑（抽查）

7. 实战（2 分钟一回合）

视频链接：

二级红带演示视频

一级红黑带晋级考试内容

1. 基本动作

外山势格挡（左右各 4 次）

2. 腿法

a. 横踢 +360° 横踢 + 后旋踢（配合发声，左右各 2 次）

b. 横踢 + 双飞 + 后踢（配合发声，左右各 2 次）

c. 腾空后旋踢（配合发声，左右各 2 次）

3. 击破

a. 腾空二段前踢（男 3 块、女 2 块、儿童 1 块）（1cm 厚度跆拳道木板）

b. 360° 横踢（男 3 块、女 2 块、儿童 1 块）（1cm 厚度跆拳道木板）

4. 品势

太极八章必考，太极一至七章中抽考一章

5. 裁判规则、技术理论答疑（抽查）

6. 实战（3 分钟一回合）

视频链接：

一级红黑带演示视频

国技院黑带一段考试内容

1. 手部动作

a. 马步一、二、三次冲拳

b. 弓步前行冲拳

c. 上段、中段、下段防御冲拳

d. 三七步单、双手刀中段、下段防御

2. 腿法

前踢、横踢、侧踢、下劈、旋风踢、后旋踢、后踢、双飞踢

3. 踢靶

a. 前腿横踢 + 后腿横踢 + 高横踢 + 双飞踢

b. 前腿横踢 + 左右横踢 + 横踢 + 旋风踢

c. 单腿旋风踢

d. 横踢 + 腾空后旋踢

4. 击破

a. 后旋踢击破一块木板

b. 旋风踢击破两块木板

5. 品势

a. 太极八章选择其中三章

b. 高丽（必考）

6. 实战（2 分钟）

视频链接：

国技院黑带一段演示视频

考级、段评分关注点

品势
· 动作姿势（完整，规范，熟练）
· 气合（呼吸顺畅，发声有力，声随力出）
· 力量（强弱）
· 节奏（快慢）
· 平衡（重心稳定，移动流畅）
· 眼神（自信，专注）

基本技术
· 姿势（规范，协调）
· 速度（快慢）
· 气合（呼吸顺畅，发声有力，声随力出）
· 力量（强弱）
· 准确性（击靶部位，攻击部位）
· 平衡（重心移动快慢）
· 眼神（自信，专注）

实战
· 距离感
· 空间感
· 多变性
· 击靶效率
· 反应能力
· 攻击与防守能力

击破
· 速度
· 准确
· 力量
· 眼神
· 平衡

自卫术
· 实效性
· 熟练性

图书在版编目（CIP）数据

跆拳道随身学：从入门到竞技 / 林秋主编 .—福州：福建科学技术出版社，2020.1（2020.7 重印）
ISBN 978-7-5335-6018-8

Ⅰ .①跆… Ⅱ .①林… Ⅲ .①跆拳道 - 基本知识 Ⅳ .① G886.9

中国版本图书馆 CIP 数据核字（2019）第 206278 号

书　　名　**跆拳道随身学：从入门到竞技**
主　　编　林秋
出版发行　福建科学技术出版社
社　　址　福州市东水路 76 号（邮编 350001）
网　　址　www.fjstp.com
经　　销　福建新华发行（集团）有限责任公司
印　　刷　福州德安彩色印刷有限公司
开　　本　700 毫米 ×1000 毫米　1 / 16
印　　张　10
图　　文　160 码
版　　次　2020 年 1 月第 1 版
印　　次　2020 年 7 月第 2 次印刷
书　　号　ISBN 978-7-5335-6018-8
定　　价　39.00 元